Helende verhalen voor kinderen

Eerder verschenen van Paul Liekens bij Uitgeverij Ankh-Hermes:

De piramide (8e druk)
Reïncarnatie (6e druk)
Karma en levensbestemming (5e druk)
Leven (4e druk)
Humor: inzicht dat verlicht (4e druk)
Het spel tussen bewuste en onderbewuste (5e druk)
NLP en relaties (3e druk)
NLP en spirituele ontwikkeling (3e druk)
NLP voor managers (2e druk)
De twaalf energiecentra (2e druk)
NLP en allergie

Samen met Henriëtte Denissen
NLP en eetproblemen

CD'S
Mens ken jezelf
Twaalf energiecentra

www.ankh-hermes.nl

Paul Liekens / Ann Delnoy

Helende verhalen voor kinderen

Metaforen voor kinderen met allergische reacties, overgevoeligheden of angsten

Uitgeverij Ankh-Hermes bv – Deventer

Tekeningen wereden gemaakt door:
Bea Huygens (verhaaltjes voor Joni, Lisa en Vicky).
Katrien Thandt (verhaaltjes voor Jochen en Jonas).
Grootvader maakte de tekeningen voor kleindochter Katrien.

CIP-gegevens
ISBN: 90 202 6040 5
NUR: 213
Trefwoord: verhalen / vertellen

Inhoud

Inleiding

Dit boek is een relaas over hoe we erin geslaagd zijn kinderen te helpen op een zeer eenvoudige en natuurlijke manier van symptomen af te raken, zoals aangeboren allergieën voor gluten, koemelk, pollen, tomaten en stof; van astma, nachtmerries, fobieën, chronische wormpjes, faalangst en nog veel meer.
Dit is geen psychologische theoretische wetenschappelijke studie. Het is een verslag van hoe het in de praktijk gegaan is, van dat wat gewerkt en wat niet gewerkt heeft. We hebben niets veranderd aan de oorspronkelijke verhalen, ook niet als we na een jaar dachten: in dat eerste verhaal hadden we beter dit of dat, niet of wel gedaan. De verhalen bevatten woorden en wendingen die aan het niveau van kleine kinderen zijn aangepast. We hebben ze heel bewust gerespecteerd zoals ze waren, en niet herschreven om er grammaticaal perfecte verhalen van te maken. We hebben aan de kracht van het verhaal voorkeur gegeven boven literaire hoogstandjes.
We weten zeker dat als je deze heel eenvoudige richtlijnen en voorbeeldverhalen volgt, ook jij succes zult hebben. Alle verhalen hebben gewerkt, alleen het verhelpen van duimzuigen op zevenjarige leeftijd, en het bedplassen van één kind van acht is ons nog niet gelukt. Op een vijfentwintigtal kinderen is dat een goede score. En bij die twee kinderen zijn wel andere dingen veranderd, ze hebben meer zelfvertrouwen, zijn vriendelijker, geduldiger en wat dies meer zij. Het is voor hen en voor de ouders toch nuttig geweest.

Hoe het begon

Alles begon na een aflevering van een serie tv-programma's op de Vlaamse zender VTM in 1999, waarin men mij vroeg een bekende tv-presentator Hans Otten van vliegangst af te helpen. De herprogrammering ging zeer vlot en nu, drie jaar later, heeft hij al tientallen keren het vliegtuig verkozen boven trein, boot of auto.
In de live-uitzending vertelde ik langs mijn neus weg, dat allergieën in

negentig procent van de gevallen ook gemakkelijk verholpen kunnen worden. Dat was niet aan dovemansoren gericht, en het universum zorgde ervoor dat er plots een item in die tv-serie wegviel, zodat we als enige in die serie voor een tweede keer werden gevraagd.
Ik heb hun toen voorgesteld tien mensen uit te nodigen met elk een andere allergie; ik zou hun 's morgens leren hoe het volgens NLP in elkaar zat, en 's middags zouden ze verdeeld worden in groepjes van twee waarin de ene 'sukkelaar' de andere zou begeleiden om van de allergische reactie af te komen.
Ik was omringd door vijf assistenten die samen met mij het voorbereidende werk deden, en die in de buurt bleven voor als er iets fout zou lopen in één van de vijf werkgroepjes van twee personen.
Ook deze interventie werd een onvoorstelbaar succes en acht van de negen personen die waren komen opdagen konden drie dagen later in de uitzending getuigen dat ze van hun allergische reactie af waren.

Wat is een allergische reactie of een overgevoeligheid?

Volgens de klassieke geneeskunde is een allergische reactie een vergissing van het immuunsysteem, waarbij het immuunsysteem overdreven reageert op een bepaald product of op bepaalde voeding.
Deze overdreven chemische reactie van het lichaam wordt dan door de geneeskunde in bedwang gehouden door anti-histamine. Dat werkt gelukkig zeer goed. Het probleem blijft echter bestaan en zo kunnen mensen hun hele leven lang allergisch blijven reageren en daardoor verstuivers en medicatie blijven gebruiken.
Waar wij ons mee bezighouden is, *met het rechtzetten van de vergissing*, zodat er geen overdreven reactie meer komt. Als je daar details van wilt weten, en meer inzicht wilt krijgen in allergie, lees dan eens het ankertje *NLP en allergie*.
Er kwamen duizenden brieven met hulpkreten naar de tv-zender; die mensen in nood zijn opgevangen door NLP-ers die de opleiding gedaan hadden, en die de eenvoudige allergietechniek konden toepassen.
Er kwamen ook telefoontjes van ouders met kinderen met aangeboren of andere allergieën. Helaas konden die niet geholpen worden met wat we op tv gedaan hadden, omdat de techniek die we gebruikt hadden om te herprogrammeren gebaseerd is op dissociatie via het abstracte denken (kijken naar jezelf), en kinderen beginnen dat vermogen pas te ontwikkelen rond hun tiende.

Dat heeft me echter aan het nadenken gezet, en toen rees het idee om de herprogrammering in het onderbewustzijn op een andere manier te doen, een manier die zeer vertrouwd is voor kinderen: sprookjes, verhalen, metaforen.
Het werd een boeiende speurtocht, en het resultaat is ronduit verbluffend. Degenen die ermee bezig waren werden laaiend enthousiast, en alle ouders die meewerkten zijn zo dankbaar, dat ze toestemming gegeven hebben om hun telefoonnummer te vermelden, zodat elke gerechtvaardigde twijfelaar hen persoonlijk kan bellen.
Met dit boekje krijg je, net zoals met de NLP-ankertjes, stap voor stap eenvoudige regels en voorbeelden aangereikt; dit keer om zelf als ouder een metafoor of verhaaltje te maken voor je eigen kinderen, of voor kinderen uit je kennissenkring.
Het kost je niets, en het kan jezelf en je kind een hoop levenslange ellende besparen.

De ontwikkeling

In het begin, eind 1999, was het idee ontstaan om speciale metaforen te schrijven, die door de ouders of grootouders kunnen worden verteld aan kinderen. Daarbij bestaat de kans dat beiden zich bewust worden dat elk individu de bron is van de kwaliteit van het eigen leven. Een metafoor is als een verhaal of een sprookje, zij geeft degene die ernaar luistert de gelegenheid, de patronen te herkennen in het eigen leven, zonder er rechtstreeks op gewezen te worden. Iemand rechtstreeks op zijn tekortkomingen wijzen botst zeer dikwijls op weerstand, waardoor het nut van de communicatie verloren gaat.
Metaforen maken is een hoogtepunt van de *practitioners*-opleiding NLP. Om die reden heb ik het idee in die kring gelanceerd, en ik vond een moeder met een zoontje van tweeënhalf jaar met aangeboren koemelkallergie. Zij schreef een verhaal, verdeeld over vijf kleine sprookjes, speciaal gericht op haar zoontje en ze vertelde het sprookje zelf. Het kind vroeg na vijf dagen spontaan om kaas! Op zijn derde verjaardag belde ik hem op en hij zat onder de slagroom, had al ijs gegeten en was volledig van zijn allergische reactie af.
Toen vond ik Ann Delnoy bereid hiermee aan de slag te gaan, om zeer specifieke sprookjes te schrijven, en zij begon in haar kennissenkring op school.
Zij schreef de verhalen, rekening houdend met precieze instructies en met de leefwereld van de kinderen. Eén van de ouders, meestal de moeder, las het verhaal voor. De kinderen waren er dol op, en ook hier hadden we keer op keer resultaat, zelfs bij een meisje met twee allergieën – voor honden en stof – en een soort eczeem met rode plekjes.
De verdere ontwikkeling was dat ik een moeder bereid vond één van die verhalen te bewerken voor haar eigen kind, en ook dat had succes.
Na een workshop over het maken van metaforen gingen moeders en grootmoeders aan de slag. Via mijn website begonnen mensen verhalen te maken, en zo ging het steeds verder.
Ook in de reeks symptomen zat er een ontwikkeling. We begonnen

met koemelkallergie, daarna kwamen er glutenallergie (bij Sam, mijn oudste kleinzoon), vervolgens luchtwegenallergie, angst voor slapen en nachtmerries, faalangst en gebrek aan zelfvertrouwen met kleine pesterijen als gevolg, eczeem, allergie voor vlooienbeten, steeds terugkerende wormpjes, chronisch verstopte stoelgang, fobie en paniek voor bewegende ogen in poppen bij.

We zijn nu twee jaar verder, hebben inmiddels een twintigtal kinderen geholpen, voldoende ervaring om te kunnen stellen dat de resultaten ook blijvend zijn, en gaan nu met dit boekje voor het uiteindelijke doel.

De eenvoud van het hele systeem is wat mij het meeste boeit.

Het echte doel is om via dit boekje ouders te motiveren om zelf, volgens eenvoudige instructies, een sprookje te maken voor hun kinderen.

Terwijl we in het begin uit voorzichtigheid vijf verhaaltjes maakten voor één kind, kwam Ann ertoe, na ervaringen met een vijftal kinderen, om alle noodzakelijke elementen aan bod te laten komen in twee verhaaltjes.

Ik weet niet of het beperkte aantal van belang is, want ouders die eenmaal van start gegaan zijn en één verhaal geschreven hebben, beginnen het schrijven zelf leuk te vinden en gaan er meestal gewoon voor de lol mee door.

We hebben al een workshop gegeven voor een vijftiental ouders, in dit geval ook weer alleen moeders en grootmoeders, en het belangrijkste is misschien wel de onvermijdelijke ontdekking, dat elk individu veel creatiever is dan ze wel konden vermoeden.

Daarmee bereiken we dan nog een tweede doel, namelijk bewustwording van eigen potentieel.

Bewustwording van het eigen potentieel

In de tijd waarin we nu leven, zijn we ver afgedwaald van de vroegere tijden waarin ouders nog voldoende kennis hadden over natuur, ziekte en geneeskruiden, zodat ze hun kinderen zelf konden helpen met kleine kwaaltjes.
We hebben ontdekt dat door de helende verhaaltjes te vertellen de band tussen ouders en kinderen verrijkt wordt. Alleen al vanwege het feit dat een moeder of vader zelf het kind van een levenslang en meestal vervelend probleem helpt afkomen.
Door ermee bezig te zijn, ervaren en beseffen ouders opnieuw dat de bron van ziekte, en dus ook *genezing*, in de mens zelf ligt.
Dat is ook gebeurd via de hierboven genoemde tv-uitzending, waarbij ongeveer een half miljoen Vlaamse kijkers geconfronteerd werden met het feit dat allergie niet ongeneeslijk is en levenslang, zoals hen voortdurend voorgespiegeld werd.
Dit boek zou een begin kunnen zijn van bewustwording van het eigen functioneren, en een begin van groei naar meer zelfstandigheid, minder slachtoffertje spelen en meer meester worden. Dat leidt dan weer naar meer zelfvertrouwen en zelfrespect, waardoor de kwaliteit van het leven een aardige sprong vooruit kan maken.
Ook de kinderen kunnen van jongs af leren uit eigen ervaring, dat ziekte en genezen niet enkel iets is van buitenaf, maar dat er binnen in henzelf een aantal bondgenoten zitten die ze kunnen aanspreken om in actie te komen.
Sommige kinderen hebben dat zeer snel in de gaten en schakelen die vriendjes, binnen in zichzelf, ook in voor situaties waar ze wat meer zelfvertrouwen kunnen gebruiken, of waar ze zich bezeerd hebben en zelf de pijn kunnen doen verzachten.
Het zou wel eens kunnen zijn dat dit experiment het begin kan worden van het openbarsten van een cocon, waar de meesten van ons

lange tijd in gezeten hebben zonder het zelfs te weten. Een rups weet waarschijnlijk ook niet dat de cocon maar een momentopname is in een proces.
Wereldwijd is het echte bewustzijn bedolven onder de blinkende modder van het zo hoog opgehemelde verstand, misschien is dit ook een teken van ontwaking en de nieuwe tijd.
In juli van het jaar 2000 had ik het genoegen een training te geven in Santa Cruz, California, in dezelfde aula van de 'University of California' waar voor de eerste maal John Grinder en Richard Bandler naar buiten kwamen met NLP (neuro-linguïstisch programmeren) in de jaren zeventig. We waren daar samen op uitnodiging van Robert Dilts met een tachtigtal trainers NLP van over de hele wereld, uit achtentwintig verschillende landen.
Het onderwerp van mijn training was 'NLP en spirituele ontwikkeling'. Dat heeft bij een aantal trainers diepe indruk gemaakt, en daardoor heb ik nu een netwerk over de hele wereld om het metaforenidee voor kinderen meteen wereldwijd te verspreiden. Mijn bedoeling is om de NLP-ers uit te nodigen die informatie zo veel mogelijk gratis ter beschikking te stellen, en hoogstens een 'democratische prijs' te vragen voor een dagworkshop om het mensen aan te leren. Een cadeau van de NLP-gemeenschap, als het ware.
Als het waar is, zoals een professor onlangs op tv kwam vertellen, dat binnen korte tijd (negen à tien jaar) allergie bij één op de drie mensen zal voorkomen in het Westen, als we op dezelfde manier blijven doorgaan en er niets aan gedaan wordt, dan zijn we net op tijd.

Hoe komt het dat verhaaltjes een helende invloed kunnen hebben?

Het besturingsmechanisme van onze biologische processen zit in het onderbewustzijn.
Het onderbewustzijn regelt alle lichaamsprocessen. Schrikken we, of worden we boos dan wordt er adrenaline gecreëerd zodat we meer energie hebben en tot actie kunnen overgaan. Zijn we in een rustige omgeving dan produceert het lichaam neuropeptiden en bijvoorbeeld endorfine, waardoor wij rust ervaren.
Een overdreven reactie op gezonde stoffen in normale hoeveelheden, wijst op een vergissing van dat besturingssysteem.
Een voorbeeld: een vrouw is ernstig ziek geworden van een bedorven garnaal in een cocktail. Braken en niet meer in staat zijn om te bewegen is een efficiënte reactie, bedoeld om alle gifstoffen uit het lichaam te krijgen en verspreiding te vermijden. Helaas blijft het onderbewustzijn dat patroon herhalen, en krijgt ze daarna eenzelfde heftige allergische reactie op alle verse-visproducten, behalve voor mosselen, oesters, kreeften. Deze allergische reactie is een overdreven beschermingsmaatregel en duurde al zeventien jaar, vóór de vrouw in kwestie meedeed aan de eerdergenoemde tv-uitzending. Ze is er, na de rechtzetting van de vergissing, helemaal vanaf sinds 1999. Onlangs heb ik nog contact met haar gehad en ze eet nog steeds met veel genoegen alle soorten vis.

Inleving en identificatie

Zoals ik al eerder schreef, kan de rechtzetting van de vergissing bij volwassenen in het onderbewustzijn plaatsvinden met behulp van het abstracte logische denken. Bij kinderen tot tien jaar kan dat niet. Kinderen van twee tot tien jaar hebben echter een zeer groot inlevings- en identificatievermogen. Zij identificeren zich zeer sterk met hun omgeving en imiteren wat daar gebeurt. Dat hebben wij allemaal gedaan. Door als peuter en kleuter te kijken wat er om ons heen gebeurde, en dat na te doen, hebben we leren eten, lopen, praten. Zo hebben we in het begin alles geleerd, door te kijken, te horen en te voelen; dat is wat Freud het enige echte denken noemt, het primitieve denken.

Ook volwassenen identificeren zich. Toen het Nederlandse nationale voetbalteam uitgeschakeld werd in de voorronde voor de wereldcup in 2002, voelde het voor een kwart van de Nederlandse bevolking alsof zij zelf tekort geschoten waren, en liep een groot aantal Nederlanders een week depressief of boos rond. Terwijl het in werkelijkheid over elf Nederlandse mannen gaat die willen weten of ze beter voetbal kunnen spelen dan elf andere mannen uit een ander land. In feite is dat alleen hun zaak. Toch beleven een aantal Nederlanders dat gebeuren als een persoonlijke nederlaag. Heel Duitsland was in rouw toen ze de finale verloren van de Brazilianen in 2002, het was voor hen een nationale ramp, de beelden van huilende supporters spraken boekdelen!

Ik hoorde zelfs iemand zeggen dat het een ramp was voor Europa, dat we de heerschappij hadden moeten afgeven aan Zuid-Amerika!

Hetzelfde gebeurt met wielrennen, tennissen, judo, en elke sport waarin een vertegenwoordiger van het land meedoet.

Van het inlevings- en identificatievermogen van kinderen maken we gebruik bij het creëren van helende verhalen.

Knuffels, idolen en troeteldieren

Een kind identificeert zich sterk met een knuffeldier, en voor het kind is een knuffel of een troeteldier iets heel reëels. En net zoals ze leren van ouders, grootouders en broertjes en zusjes, zo leren ze ook van een knuffeldier of van idolen. Wat het knuffeldier overkomt, gebeurt als het ware met henzelf. Sterker nog, soms denk ik wel eens dat ze een knuffeldier meer vertrouwen dan vader of moeder.

Ik herinner me duidelijk dat ik vroeger, bij het geven van het fruithapje, deed alsof ik er van proefde en met allerlei smakgeluiden demonstreerde dat ik het heel lekker vond. De eerste keren lukte dat wel, maar vrij snel werd deze bedrieglijke tactiek ontmaskerd, en kon ik zelf de fruithap opeten.

Knuffeldieren kun je laten beleven en doen wat er in je fantasie opkomt. Knuffeldieren kunnen veel meer dan volwassenen, en ze worden ook nooit boos. Voor een kind is deze beleving net zo echt en reëel als wat wij werkelijkheid noemen. Niet alle volwassenen snappen dat ten volle.

Bijvoorbeeld: een kind is gevallen en heeft een hele lichte schaafwond, het huilt en zegt dat het veel pijn doet. Dan zijn er van die oerdomme volwassenen die geheel vanuit hun eigen wereld zeggen: 'Het is niet erg, het is niets.' Ze hebben dan ook nog het idee dat ze het kind kunnen troosten, met deze grove belediging van de beleving van het kind!

Voor sommige kinderen is een fopspeen het kostbaarste bezit dat ze hebben. Als ze die kwijt zijn, lijkt het of hun hele wereld ingestort is, dat is hun beleving, en die beleving is net zo echt als de paniek van iemand die een fobie heeft voor spinnen en plots een klein spinnetje op de huid krijgt.

We hebben gegokt op de knuffels, idolen, troeteldieren.

We hebben gegokt, en ervaren dat het zelfs zo ver gaat, dat als een knuffeldier van een bepaald symptoom geneest, het onderbewustzijn van het kind, dat de geneeskracht aanstuurt, de nodige acties onderneemt om hetzelfde te doen.

Dat is de eenvoud van het ware.

Richtlijnen voor helende metaforen

Een stuk van de kracht van metaforen ligt in de verwerking en toepassing van de neurologische niveaus, bedacht door Gregory Bateson.

Het principe is dat de hoger liggende niveaus een invloed hebben op de onderliggende.
Bijvoorbeeld: door je gedrag schep je de omstandigheden waarin je leeft.
Gedraag jij je op een geordende manier, dan heb je een ordelijke kamer.
Je gedrag wordt bepaald door de vaardigheden die je inzet en gebruikt.
De stemming of het gevoel waarin je verkeert, bepaalt welke eigenschappen (capaciteiten) je bewust of onbewust kiest te gebruiken. De stemming angst of depressie belet je meestal bepaalde eigenschappen te gebruiken. In een enthousiaste bui ben je veel creatiever en boor je

alle capaciteiten aan die je ter beschikking hebt.
Je stemming wordt geregeld door de ideeën, de overtuigingen die je op dat moment hebt over de dingen in de wereld of over jezelf. Als je gelooft dat een muis heel gevaarlijk is, ontstaat paniek en ben je niet in staat je eigenschappen van vertrouwen en moed te gebruiken, en doe je onredelijke en gevaarlijke dingen.

Hoe passen we dat praktisch toe in het dagelijks leven en in de opvoeding?
De gevaarlijkste vergissing die de meeste mensen maken, is dat ze het identiteitsniveau verwarren met de onderliggende niveaus.
Bijvoorbeeld: iemand put haar identiteitswaarde, (wat zij *is*), uit wat zij doet, het beroep dat ze uitoefent. Die mensen zeggen dan: ik ben magistraat, ik ben advocaat, ik ben onderwijzeres, ik ben wielrenner. Dat kan bij tijden goed gaan, maar als er dan een keer een schandaal uitbarst in dat bepaalde beroep, corruptie, misbruik van kinderen, doping, dan komt dat veel harder aan dan wanneer je zou zeggen, ik ben Jasmine Janssen en wat ik doe is op het gerecht werken als magistraat. Als je magistraat *bent*, dan kun je voor je gevoel niets anders zijn, als je Jasmine Janssen bent dan kun je van beroep veranderen als het je niet meer aanstaat.
Het niveau van identiteit verwisselen met het niveau van gedrag kan een onuitwisbare, rampzalige invloed hebben op kleine kinderen. Als een kind iets fout doet en je zegt tegen dat kind: 'je *bent* dom' dan tref je het kind op identiteitsniveau, en zet je het als ware klem in 'dom zijn', want een kind kan niet tegelijk slim en dom zijn. Een kind dat gelooft dat het dom *is* kan zeker nooit iets 'slims' *doen.* Als je dat genoeg herhaalt, zal het kind zich ook steeds afsluiten van alle capaciteiten en intelligentie die het heeft, om zodoende de instructies van '*dom zijn*' te kunnen uitvoeren. Het kind gaat geloven dat het dom is en gaat zich daarnaar trachten te gedragen omdat het denkt dat het zo moet.
Als je integendeel de logische niveaus respecteert en zegt: 'jij hebt nu iets doms *gedaan*', dan kan het kind zich permitteren om morgen iets slims te *doen.*
'Ik ben ziek', 'ik ben allergisch' is ook iets dergelijks.
Iemand die ziek *is*, kan onmogelijk tegelijk gezond zijn en kan dus in feite ook moeilijk gezond worden.

Hoe passen we dit toe in helende sprookjes?

Eén van de geheimen van de helende sprookjes is om een kind spelenderwijs het verschil te leren tussen wat het *is* (identiteit) en wat een gedeelte van zijn lichaam *doet* (gedrag). Het vergemakkelijkt vele malen het genezingsproces als je aan het kind de informatie geeft: *jij* bent niet allergisch, *jij bent* gezond, maar je buikje kan niet tegen melk, of je oogjes kunnen niet tegen stof, of je velletje kan geen kattenvacht verdragen.

Een ander krachtig element is het besef van het proces van de tijd, de voortgang van de tijd, het ervaren van verleden en het heden, waardoor mogelijkheid tot verandering ontstaat. Kinderen hebben geen duidelijk besef van tijd, zij leven in het moment van het NU. Je merkt dat als je een keer met de auto op reis vertrekt. Na tien minuten komt de vraag: zijn we er bijna? Neen, het is nog acht uur rijden. Is acht uur nog lang? Ja, ongeveer tot het avond is. Na een kwartiertje klinkt het vanaf de achterbank: is het al bijna avond?

Vanaf het moment dat je het onderscheid gemaakt hebt tussen het geheel en een deel en dat uitdrukt door te zeggen: 'jij bent gezond maar je buikje is ziek', dan kun je ook het element *tijd* inbrengen.

'Vroeger, toen je klein was, kon je helemaal niet fietsen en nu ben je al zo groot geworden dat je wel honderd meter kunt fietsen zonder steunwieltjes.'

'Vroeger kon je niet eten met een lepeltje en nu doe je dat helemaal zelf.'

'Vorig jaar kon je nog maar zover springen en nu spring je wel drie keer verder, je beentjes zijn dus veel sterker geworden.'

Helpertjes

In NLP is er een benadering, waarbij we ervan uit gaan dat het onderbewustzijn uit ontelbare delen bestaat, die elk een bepaalde verantwoordelijkheid hebben, en die er op uit zijn om mee te werken aan het geluk van de persoon als geheel.

Die delen zijn dus bondgenoten die een positieve intentie hebben, maar helaas vergissen die delen zich wel eens en gebruiken ze bijvoorbeeld een allergische reactie op katten, om niet bij tante Zeur op bezoek te hoeven gaan. Vandaar dat er mensen zijn die allergisch reageren op katten, behalve op die van hun beste vriend of vriendin.

In verschillende sprookjes laten we de hoofdfiguur ontdekken dat er helpertjes in de buik zitten, waar het van alles kan aan vragen. Een eerste vraag is dan natuurlijk om van de symptomen af te raken waarvoor het verhaal geschreven is.

Ecologie

Met ecologie bedoelen we binnen NLP dat we de positieve intentie van het deel dat verantwoordelijk is voor de allergische reactie ondervangen.
Als de allergie bedoeld is als een geldig excuus waar jij je achter kunt verschuilen om niet naar tante Zeur te hoeven, is het nuttig om ter vervanging van dit excuus een andere manier te vinden om het probleem op te lossen. Dat kan twee richtingen uit: ofwel beleefd te durven zeggen dat je niet wilt gaan en je daar goed bij te voelen, ofwel voldoende flexibiliteit aan de dag te kunnen leggen om toch te gaan en je dáár goed bij te voelen.
Die mogelijkheid voor een ecologische vervanging wordt in de kinderverhalen ingebouwd door de knuffel sterker te laten worden, slimmer, met meer zelfrespect (daar past een flauw excuus niet bij), dapperder.

Hoe schrijf je zelf een genezend verhaal?

WELKE INFORMATIE HEB JE NODIG

We kunnen alles gebruiken wat voor het kind belangrijk is en waar het bewondering of angst voor heeft. Dat waar het bewondering voor heeft wil het bereiken, en dat waar het bang voor is wil het vermijden of wil het overwinnen.

Hoe oud is het kind?
Welke knuffels vindt het kind leuk?
Welke televisieprogramma's ziet het graag?
Wie zijn de helden die het meest aanspreken?
Is het kind ergens bang voor?
Heeft het kind ergens grote bewondering voor?
Welke sporten of activiteiten doet het kind graag?
Wat is er verder bijzonder in het leven van het kind?
Wat zijn bijzondere karaktereigenschappen?
Welke karaktereigenschappen zou het kind het liefst willen hebben of waar zou het meer van willen ontwikkelen; moed, zelfvertrouwen, kracht?

Ook de algemene psychische achtergronden voor lichamelijke kwalen kunnen interessante informatie bieden. Daar zijn een aantal boeken over; Louise Hay bijvoorbeeld is daar al dertig jaar mee bezig.
Kies nu een figuur en een context waarin het verhaal zich afspeelt.
Kies een wereld waarvan jij denkt dat het kind zal genieten, (prinsen, dieren, planeten, insecten) en beslis welk dier, welke knuffel, de hoofdfiguur wordt, als plaatsvervanger voor het kind. Bedenk een beginsituatie, waarin de hoofdfiguur problemen heeft en een beetje gelijksoortige symptomen vertoont als het kind. Bedenk een eindsituatie waar de hoofdfiguur wil zijn aan het einde van het verhaal (sterker,

slimmer, vrij van symptomen, in staat om te eten wat hij wil enz.). Bedenk nu een weg die de hoofdfiguur heeft afgelegd heeft om daar te komen.

HET SCHRIJVEN VAN HET VERHAAL ZELF

Eerste fase

De hoofdfiguur, die de plaats inneemt van het kind, beleeft allerlei leuke en interessante dingen, waaruit blijkt dat de hoofdfiguur veel veranderd is, slimmer en sterker is dan vroeger. Hier wordt de nadruk gelegd op het feit dat de tandjes, pootjes, of handjes sterker geworden zijn. Ook wordt tot uitdrukking gebracht dat de hoofdfiguur sympathiek, moedig, lief is (naargelang de kwaliteiten die het kind heeft of graag wil hebben) en sterk gewaardeerd wordt door de andere figuren.

Volgende fase

Verwerk dan in het verhaal dat de hoofdfiguur gelijksoortige symptomen, problemen heeft als het kind, bijvoorbeeld pijn of een raar gevoel in de buik. Daarbij leg je zeer sterk de nadruk op het feit, dat de hoofdfiguur niet ziek is, maar dat zijn buikje ziek is.
Daarbij let je erop, dat er een ander, wijs dier goede raad komt geven en dat het buikje nu snel geneest, omdat het net zoals de pootjes, gegroeid is en sterker is geworden. Vroeger werd het buikje ziek van … maar nu is het sterk genoeg geworden en kan het zeker tegen …'
De hoofdfiguur leert in het verhaal dingen doen die het vroeger niet kon, en nu al wel kan.
De hoofdfiguur komt een soort oude wijze, of tovenaar of oude uil tegen, of een kruidenvrouwtje dat hem vertelt dat er in de buik (onderbewuste) van de hoofdfiguur zelf allerlei kleine helpertjes zitten (immuunsysteem) die het goed menen, waarvan er eentje is die met alle goede bedoelingen die symptomen veroorzaakt heeft. Die helper of bondgenoot binnenin zal nu helpen de symptomen of beperkingen op te heffen.

Voor Jochen
vierenhalf jaar, luchtwegenallergie, slaapproblemen

Vijf verhaaltjes voor Jochen, geschreven door Ann Delnoy, voorgelezen door de moeder van Jochen

Beschrijving van het probleem

Jochen is een jongetje van vierenhalf jaar met luchtwegenallergie en slaapproblemen.
Als kleine baby was Jochen heel gemakkelijk, hij sliep goed, at goed en was meestal tevreden.
Rond de leeftijd van zeven maanden heeft hij een zware luchtwegen-infectie doorgemaakt. Als gevolg hiervan is hij op een nacht zwaar in ademnood geraakt. Dit moet voor hem een zeer traumatische ervaring geweest zijn, want vanaf dat moment kreeg hij een panische angst om te gaan slapen, en ontwikkelde hij een zware luchtwegenallergie. Benauwdheid en doorlopend veelvuldig hoesten waren de gevolgen, hij sliep hoogstens twee uur per nacht.
Voor de ouders was dit een ware lijdensweg, en zij zochten hulp bij een slaapkliniek toen Jochen vier jaar oud was. Daar werd het verband met de luchtwegenallergie gelegd.
Na de slaapkliniek sliep Jochen beter, doch hij werd nog steeds vier keer per nacht wakker, met angst.
De luchtwegenallergie was nog hetzelfde gebleven.

Tips

Bij het schrijven van de verhaaltjes werd rekening gehouden met enkele elementen die belangrijk zijn voor Jochen.
Hij gaat heel graag naar school, hij is verzot op de Teletubbies, vooral op ‘Po’, en speelt graag computerspelletjes van Blinky Bill.

Resultaten

Op 28 december 2000 werd met de verhaaltjes gestart. Het kind was dol op de verhaaltjes, en na twee weken had het kind geen puffers meer nodig en werd het slapen rustiger. Zes weken later sliep het kind de hele nacht door. Hij heeft in de periode nadien nog één keer gepuft aan een aërosol. Voordien moest hij bijna wekelijks naar de behandelende arts, en vanaf december 2000 is er geen artsenbezoek noodzakelijk geweest.
In april 2003 is nogmaals contact opgenomen met de ouders en de toestand is nog steeds stabiel.

Telefoonnummer van de ouders:
Ingrid 0032 (0) 494606253
Emailadres: ingrid.van.den.broeck@pandora.be

Eerste verhaal: Po kan springen

Tralalalala! Tralalalalie! (zingen)

Hup en één, twee! Hup en drie, vier!

Hé! Wie komt dáár aan? Dat zijn de Teletubbies.

Po, Dipsy, La-La en Tincky-Wincky zijn op weg naar het bos. Het ruikt er heerlijk naar kleine paddestoeltjes.

Po rijdt op zijn step, Dipsy heeft zijn hoedje op, La-La draagt haar bal mee en Tincky-Wincky zijn handtas. Daar zitten verrukkelijke, zoete koekjes in. Die gaan onze vriendjes straks opeten, maar eerst gaan ze spelen. Spelen met de bal van La-La.

Ze komen bij een beekje. Het water stroomt zachtjes het heuveltje af.

'Hier gaan we spelen!' roept Po.

'Oké', roepen de anderen. 'Kom, we gooien de bal naar elkaar', zegt Tincky-Wincky.

Het gaat heel fijn, de bal vliegt hoog in de lucht van Po naar La-La, van La-La naar Dipsy, van Dipsy naar Tincky-Wincky, en dan terug naar Po.

'Oh-oh, wat gebeurt er nu?'

Tincky-Wincky wil de bal naar Po gooien, maar Tincky-Wincky is groot en sterk en gooit de bal héél hoog.

Oh-oh! De bal vliegt óver het beekje en blijft aan de ándere kant liggen.

Wat vindt onze Po dat erg!

'Oh-oh! De bal is weg en ik kan hem niet pakken', huilt Po.

'Je kunt toch over de beek springen en hem gaan halen', zegt Tincky-Wincky.

'Nee, dat gaat niet, ik kan niet springen', jammert Po.

'Vroeger toen je klein was, kon je niet springen. Nu ben je al groter en zijn je benen al veel sterker geworden. Toe, probeer nu maar, het lukt je vast wel!' moedigt La-La hem aan.

'Ik kan het niet', klaagt Po verdrietig.

'Weet je wat?' zegt Tincky-Wincky, 'Ga eens even bij het beekje staan en kijk eens in het water.'

Po ziet zichzelf in het water, net zoals in een spiegel.

'Kijk! Wat ben ik hard gegroeid!' Hij ziet het allemaal heel goed in die waterspiegel. Hij voelt zijn spieren door zijn rode broekje heen. Kijk eens, die benen, zo sterk.

'Hé, La-La, Dipsy en Tincky-Wincky. Kijk nu! Mijn benen zijn groot en sterk geworden. Ik ga springen!'

'Ja! Doe maar', roepen zijn vrienden.

Po neemt een aanloop en … Hop! Ja, hij springt over het beekje.

'Joepie, ik kan het, joepie, joepie, ik kan springen!' roept Po.

'Dat gaan we vieren!' Ze nemen elkaars handje vast, dansen en zingen:

'Hoera, hoera! Wie lust er een superheerlijk koekje?' vraagt Tincky-Wincky.

Tweede verhaal: Een sterke buik

'Eén, twee, drie, vier, vijf, zes, zeven, acht, negen, tie-ien!'

'Ik kom jullie zoe-ken!'

Dipsy gaat boven op de heuvel staan. 'Ah-ah! Wie zit daar tussen de struiken?'

'La-la! Tincky-Wincky! Kom er maar uit! Ik heb jullie gezien!'

'Maar waar is Po nu?

Onze Po is nergens te vinden. Dipsy gaat eens binnen kijken. Po is weer in zijn bedje gekropen, want zijn buikje doet pijn.

'Oh-oh! Wat is dat nou?' denkt Po.

'Dipsy', roept Po. 'Mijn buikje doet pijn.'

'Oh-oh, Po, heb je weer pijn aan je buik zoals vorige week?' vraagt Dipsy.

'Ja, Dipsy, en het doet echt pijn! Gaat dat nu weer zo lang duren als vorige keer?'

‘Welnee, Po je bent nu groter en sterker geworden. Nu kun je vast en zeker zelf je buikje genezen’, zegt Dipsy.

‘Hoe dan?’ vraagt Po. ‘Weet jij raad?’

‘Wel, als ik buikpijn heb’, zegt Dipsy, ‘dan wrijf ik eerst mijn handen flink tegen elkaar (voordoen). Daar worden ze heel lekker warm van. En als ik ze dan op mijn buikje leg, gaat de pijn weg.’

‘O, Dipsy, dat wil ik ook eens doen …’

Po begint stevig in zijn handjes te wrijven. ‘Ja, Dipsy, ze worden al warm! Ik voel het.’

‘Kom, Po’, zegt Dipsy, ‘leg nu je warme handjes zachtjes op je buikje.’

Po schuift zijn handjes onder zijn truitje.

‘Weet je, Po, je buikje zal nu heel snel genezen, want je buikje is slimmer, sterker en groter geworden. Buikjes die al zo hard gegroeid zijn, zoals die van jou, zijn maar heel, héél eventjes ziek en oeps, pijn weg, klaar pijn.’

Po voelt hoe zijn buikje heerlijk warm wordt. Hij hoort hoe zijn buikje zachte, tevreden geluidjes maakt.

En weet je wat nu?

Je weet het zeker al?!

Ja, de pijn in Po zijn buik is weg. Helemaal weg. Po is blij dat hij zo’n fantastisch sterke buik heeft.

Joepie, nu kan hij weer gaan spelen.

‘Hé, La-La, Tincky-Wincky, ik doe weer mee. Ik kom jullie zoe-oeken!’

Derde verhaal: Kleurblinky

Vandaag ga ik een verhaaltje vertellen over Blinky Bill. Jochen, ken jij Blinky Bill? (Ik laat Jochen vertellen.)

Blinky Bill mag vandaag voor de eerste keer naar school. Hij is heel blij en stapt fier zijn klasje binnen (Jochen gaat ook heel graag naar school).

Oh, wat vindt Blinky Bill zijn klasje mooi! Er staat heel veel speelgoed: een grote, rode garage met heel veel auto's, een glijbaan, rode, groene en blauwe blokken, een grote kraan die echt kan scheppen en nog veel meer.

Alle muisjes mogen kiezen waarmee ze gaan spelen. Na een tijdje zegt de lieve muizenjuf: 'Muisjes, opruimen, nu gaan we kleuren.'

'Oei!' denkt Blinky Bill, 'kleuren kan ik niet.' Blinky Bill begint een beetje te huilen. De muizenjuf geeft hem een tekening die hij mag kleuren.

'Waarom huil jij?' vraagt de juf.

'Ik kan niet kleuren', snikt Blinky Bill.

'O, droog je traantjes maar snel af', zegt de juf, 'want ik zal jou eens vertellen hoe jij dadelijk wel kunt kleuren. Blinky Bill, wist jij dat er in je buikje allemaal kleine Blinky'tjes zitten. Die kleine Blinky'tjes zijn jouw dikke vrienden en willen jou heel graag helpen met alles wat je nog niet kunt. In jouw buik zit ook een klein Blinky'tje, dat heel goed kan kleuren en als jij het vraagt wil dat kleine Kleurblinky'tje jou helpen met kleuren.

'Is dat echt waar?' vraagt Blinky Bill.

'Ja, natuurlijk', zegt de muizenjuf, 'ik weet het zeker!'

'Dan vraag ik het nu meteen', zegt Blinky Bill. 'Kleurblinky, wil jij me komen helpen met kleuren?'

En weet je wat er nu gebeurt? Blinky Bill pakt zijn kleurpotlood en begint heel mooi te kleuren. Het gaat fantastisch goed. Kleurblinky is in Blinky Bill zijn pootje gekropen. Blinky Bill ziet Kleurblinky niet, maar hij voelt dat Kleurblinky zijn handje heel sterk maakt en dat het kleuren nu heel goed gaat. Blinky Bill is nu heel blij met zijn vriendje Kleurblinky. Na het kleuren gaat Kleurblinky terug in Blinky Bill's buikje. Daar kan hij wat rusten. Als Blinky Bill nog eens gaat kleuren, kan zijn vriendje altijd opnieuw komen helpen.

Vierde verhaal: Een Po-sterretje

Po heeft vandaag heel fijn gespeeld. Hij is gaan wandelen in het bos. Daar is hij wel drie keer over het beekje gesprongen. Vroeger kon Po zelfs nog niet één keer over de beek springen en nu wel drie keer. En weet je wat Po nog meer gedaan heeft vandaag in het bos? Hij is wel vier keer tot boven in de grote eikenboom geklommen. Dat kon Po vroeger ook niet, want zijn spiertjes waren toen nog niet sterk genoeg. Maar nu … Je moet hem eens zien, die Po. Zo groot en sterk en stevig dat hij geworden is. Hij zat daar helemaal boven in die hoge boom en het leukste was dat hij ook nog heel Teletubbieland kon zien.

Nu is het avond. Onze Po is heel, heel moe. Hij wast zich een beetje, poetst zijn tanden en gaat dan slapen in zijn heerlijke zachte bedje. Zijn oogjes vallen toe en al vlug ligt onze Po lekker te slapen.

Maar midden in de nacht schrikt Po wakker. Hij voelt zich plots zo alleen, zo bang en zo verdrietig. Hij begint er zelfs een beetje van te hoesten. Traantjes komen in zijn ogen. 'Oh-oh, wat moet ik nu toch doen.' Plotseling staat er een hele lieve, mooie fee naast zijn bedje.

'Po, huil maar niet! Ik kom je helpen', troost de fee.

'Ik kan niet slapen en ik moet zo hoesten', snikt Po verdrietig.

De fee pakt Po zijn handje. 'Kom eens mee naar het raam, lieve Po. Kijk eens naar buiten. Zie hoe mooi de maan is en hoe al die sterretjes zo prachtig schitteren. Die sterretjes flikkeren voor jou, Po. Ook voor alle andere Teletubbies, maar vooral heel speciaal voor jou. Zelfs als jij in je bedje ligt en je ziet de sterretjes niet, dan schitteren die sterretjes toch. Er is één sterretje, een Po-sterretje, daar helemaal boven. Dat wil jou helpen zodat je heerlijk lang kunt slapen en heel goed kunt ademen. We gaan jou Po-sterretje nu vinden tussen al die andere sterretjes. Als we jouw Po-sterretje gevonden hebben gaan we er eens heel goed naar kijken.'

Po zoekt nieuwsgierig zijn eigen Po-sterretje tussen al die andere sterretjes.

'Ik heb mijn Po-sterretje gevonden!' juicht Po. 'Daarboven, dat sterretje dat zo mooi blinkt tussen die twee grote sterren. Zie jij mijn sterretje ook?'

'Ja, Po, ik zie het. Je bent heel flink. Je hebt jouw Po-sterretje gevonden. Nu ben je nooit meer alleen.'

'Ssssstt, sssstt', fluistert de fee. 'Luister, Po, het sterretje wil jou iets zeggen.'

Het Po-sterretje flikkert en plots klinkt er een fijn stemmetje: (ik laat een sterretje zien aan Jochen) 'Po, wat ben jij een flinke, sterke Teletubbie geworden. Ik heb je zien spelen vandaag. Jij bent echt een hele toffe jongen. Nu zie ik dat je moe bent en ik weet dat je ook heel lekker lang kunt slapen. Het zal je nu veel beter dan vroeger lukken, want je longen zijn nu groot en sterk geworden, zodat je ook heel goed kunt ademen. Je bent echt een fantastische Teletubbie.'

'Po, heb je dat gehoord?' vraagt de fee.

'Die kleine ster wil mijn vriendje zijn', zegt Po.

'Dat weet ik wel zeker', zegt de fee.

'Als je 's avonds gaat slapen, denk je eerst even aan wat jouw Po-sterretje gezegd heeft. Dan ademen jouw sterke longen zo goed dat je heerlijk slaapt. Weet jij nog wat het Po-sterretje jou verteld heeft, Po?'

Po knikt. 'Ik weet het nog, lieve fee!'

Weet jij het ook nog, Jochen? (Ik laat Jochen de boodschap van de ster nog eens herhalen met mijn hulp. We praten nog wat na en ik vraag of hij het verhaaltje nog eens wil horen.)

Vijfde verhaal: Tim en zijn sterretje

DEEL 1

Vandaag vertel ik een verhaaltje over Tim. Tim is een leuke jongen van vier jaar. Hij zit net als jij, Jochen, in het tweede kleuterklasje, maar vandaag hoeft Tim niet naar school. Hij heeft vakantie. Dat is fijn, eigenlijk superfijn, want het heeft gesneeuwd.

'Joepie, ik ga sneeuwballen gooien!' roept Tim.

'Een goed idee!' zegt mama, 'maar doe eerst je kleren aan. Je loopt nog in pyjama. Zo kun je niet naar buiten.'

'Oké', zegt Tim, 'ik doe mijn nieuwe, rode trui aan en mijn blauwe broek.' Tim kijkt naar buiten. 'Oh, mama, Jochen speelt al in de sneeuw. Vlug, mama, help mij! Waar is mijn jas en waar zijn mijn sneeuwlaarzen?'

'Rustig, Tim, Jochen loopt niet weg, hoor! Hier zijn je warme handschoenen. Kom, ik help jou even.'

'Ik ben klaar. Ik ga naar buiten, mama!' roept Tim. 'Jochen*, Jochen, ik ben er ook!' schreeuwt Tim. 'Dag, Tim!' zegt Jochen. 'Ik maak een sneeuwman. Doe jij mee? Tim begint een sneeuwbal te rollen. Hij rolt en rolt en de bal wordt dikker en dikker. 'Jochen, help mij!' vraagt Tim. 'Die sneeuwbal is zo zwaar.' Samen duwen Jochen en Tim tegen de dikke sneeuwbal. Hun wangetjes zien rood van inspanning. 'Pff, ik ben moe. Deze is groot genoeg', zucht Tim. Nu nog een kleine voor het hoofd. Oef, dat gaat gelukkig sneller, zo'n kleine sneeuwbal. 'Papa, papa, kom eens! Die sneeuwbal moet erop!' Papa stopt met sneeuwscheppen en komt helpen. 'Bravo, wat hebben jullie dat knap gedaan, zeg! Kom, ik help jullie even. Hier, kleine sneeuwbal, ik zet je op je plaats. Nu nog een wortel voor zijn neus en twee keitjes voor zijn ogen en klaar is jullie sneeuwman.'

'Jongens, kom, warme chocolademelk!' roept Tims mama. Even later zitten Tim en Jochen te genieten van de heerlijke melk en een lekkere wafel.

Deel 2

Tim en Jochen zijn goede vrienden geworden. Ze spelen bijna elke dag samen. Vandaag is het feest, want Jochen mag straks blijven slapen bij Tim. Jochen en Tim spelen nu op de computer. Tim heeft een spelletje van Blinky Bill en Jochen kent dat ook. 'Nu mag ik, Jochen!' roept Tim. 'Nee, nee, ikke, jij bent al geweest!'

Mama komt kijken. 'Jongens, rustig! Blinky Bill loopt niet weg uit de computer, hoor! Jullie hebben tijd. Elk nog één keer het

* Vervang in de navolgende tekst de naam Jochen door die van het kind aan wie je jouw versie van dit verhaal vertelt.

spelletje en dan in bad! Afgesproken?' Joepie, samen in bad. Dat is pas leuk! Tim en Jochen laten de computer staan en rennen de trap op naar boven, de badkamer in. Hun kleren vliegen door de lucht en eventjes later ligt de badkamer bezaaid met truien, broeken, onderbroeken, sokjes ... Oeioei, als mama dat zal zien! Mama komt de badkamer binnen. Tim en Jochen moeten eerst hun kleren opruimen.

Ondertussen loopt het bad vol.

Eindelijk kunnen ze erin. Ze plonzen flink hard en daardoor komt er meer en meer schuim. De twee jongens zitten helemaal onder het schuim. Het zijn net twee sneeuwmannen. 'Kom, mannen, eventjes afspoelen met de sproeier en dan eruit!' Jochen en Tim trekken hun pyjama aan. Nu zijn ze echt wel moe. Mama leest nog een verhaaltje voor en dan kunnen ze in hun bed.

'Mama, ik wil nog even naar mijn sterretje kijken', zegt Tim.

'Een goed idee, Timmetje, kom maar hier aan het raam!' 'Daar, daar is mijn sterretje!' roept Tim. 'Kijk, Jochen dat is mijn slaapsterretje. Je weet wel, zo'n sterretje als Po ook heeft.' 'Waarom heb jij dan zo'n slaapsterretje?' vraagt Jochen. Jochen is ook aan het raam komen staan.

Tim begint te vertellen: 'Vroeger was ik klein. Ik kon niet goed slapen en ik hoestte 's nachts. Mama heeft mij toen het verhaaltje van het Po-sterretje verteld. Daarom weet ik dat alles kan veranderen. Alle sterretjes zeggen dat. Je blijft niet klein. Je wordt groter en sterker en slimmer. Je kunt bijna alles beter dan vroeger, je kunt ook beter slapen. Ik vind het zalig om in mijn bedje te liggen, mijn oogjes dicht te doen en te voelen hoe mijn longen zo goed kunnen ademen. En weet je, Jochen, ik doe het allemaal zelf. Niemand helpt mij, maar als ik naar het sterretje kijk, word ik blij.

Dan denk ik aan Po en hoe flink dat die nu slaapt en dan weet ik: als Po zo goed kan slapen en ademen, kan ik het ook. Het helpt ook als ik heel ver in de wolken kijk, want dan voel ik al die lucht die mijn longen vult. Dan weet ik dat er zoveel lekkere lucht is om te ademen, dat ik nooit meer hoef te hoesten. Er is genoeg lucht voor altijd en voor iedereen. Fijn, hè, als je dat weet? Toen ik klein was, wist ik dat natuurlijk niet, maar nu ben ik groter en weet ik het wel en ik wil het aan iedereen vertellen.'

Instructies voor de nabespreking

Maak als verteller de overgang van het verhaaltje naar de realiteit met de vraag: 'Jochen, gaan we voor jou ook zo'n sterretje vinden?' Als hij wil en er zijn sterren, kun je samen een ster vinden. Als er geen sterren te zien zijn, zeg je dat ze er wel zijn maar verstopt zitten achter de wolken.

Je kunt het raam open zetten en samen de frisse lucht voelen en ruiken. Laat hem rustig en diep ademhalen en genieten van de zuurstof die in zijn longen komt. Zeg hem dat er heel veel lucht (zuurstof) is voor iedereen en altijd. Als hij in zijn bedje ligt en aan het sterretje denkt, kan hij ook aan de lucht (zuurstof) denken.

Laat hem voelen hoe rustig je kunt worden van het ademen. Doe het eerst voor en doe het dan samen met hem. Overtuig hem dat hij zich veilig kan voelen, zeker nu zijn longen groot en sterk genoeg zijn geworden om al die heerlijke lucht in te ademen. Wanneer je voelt dat hij rustig en blij is geworden van het ademen, kun je zeggen dat hij nu lekker zal slapen met al die verse lucht in zijn sterke longen.

Wanneer hij in zijn bedje ligt, kun je hem vragen om zijn oogjes dicht te doen en te denken aan zijn ster. Denken hoe het sterretje flikkert in die prachtige lucht. Allemaal lucht voor Jochen. Voor zijn sterke longen. Die sterke longen die nog sterker zullen worden, omdat hij nu heel goed zal kunnen slapen.

Voor Lennart

bijna drie jaar, aangeboren koemelkeiwitallergie, benauwdheid

Verhalen geschreven en verteld door Marion van der Deure voor haar zoontje

Beschrijving van het probleem

De verhaaltjes zijn geschreven zijn voor Lennart, twee jaar en negen maanden.
Lennart heeft een koemelkeiwitallergie, en hij heeft tevens last van benauwdheid. Daarnaast heeft hij een sterk allergische reactie op rode kleurstoffen en op muggenbeten.

Tips

Tijdens het eten staat er van alles op tafel en met deze producten dient normaal te worden omgegaan, ook met de producten die hij *nu nog niet* mag eten. Als hij straks nog weer groter en sterker is, mag hij ook daarvan eten. Proeven kan.

Resultaten

Lennart vroeg naar aanleiding van de verhaaltjes spontaan naar kaas op zijn boterham. Hiervan heb ik hem een klein stukje gegeven. Hij at niet alles op, maar iets is iets. Voorheen niets. Toen ik aansluitend een volgende keer vroeg of hij kaas op zijn brood wilde, fronste hij zijn wenkbrauwen en keek gespannen. Ik reageerde dat pindakaas of strooikaas (gelukkig op dat moment ook voor handen) ook kon, ik wachtte even en voegde worst en appelstroop toe aan de rij. Het bieden van meer keuze door meer producten met kaas aan te bieden, liet hem weer rustig ademen en deed de frons vertrekken. Jonge Hollandse kaas is iets wat hij nu wel eet maar zeker niet dagelijks.

Hij was gewend aan de kreet: 'Lennart mag geen kaas eten en geen melk drinken.' Thuis werd het hem gewoon niet aangeboden, op de crèche echter wel. Lennart gaat naar een crèche, waar ik de leidsters op de hoogte heb gebracht van ons experiment. Hij heeft vorige week zijn eerste beker melk gekregen. Dronk er enkele slokjes van en duwde hem toen weg. Voor mij is belangrijk dat hij weet dat het binnen zijn vermogen ligt om het tot zich te nemen.
Na enkele weken begon hij alle melkproducten te eten en te drinken die hem aangeboden werden.
De andere kinderen hebben er niet op gereageerd.
Zelf ben ik van het melk*weg*stelsel. Ik gruwel van melk. Voor kaas daarentegen koester ik diepe liefde.
Om Lennart zijn zelfvertrouwen te ondersteunen en een spiegel voor hem te zijn heb ik besloten het naargeestige product melk op tafel te parkeren (dit als extra ondersteuning, die ik uitvond na de verhaaltjes). Ja, en ik zondig zelf door van dit verafgode drankje genietend te drinken. Daar ben ik dit weekend mee begonnen. Ik heb een duister vermoeden dat mijn intense afkeer van melk en van de onzinzin (vind ik) 'melk is goed voor elk' op de een of andere manier aankomt bij mijn lieve zoon Lennart.

Met Lennart doe ik opzegversjes als een soort van herhaling.
Wat staat er allemaal op tafel als wij eten? Hij begint dan op te noemen wat hij allemaal (mag) eten. Appelstroop, pinda*kaas*, strooi*kaas*, *kaas*, worst, jam geel, jam rood.

Hoewel ik van het melk*weg*stelsel ben zoals ik u meldde, is er toch een maan als een gouden Hollandse Goudse kaas.
Het grapje van de maan is, dat de maan op een grote kaas lijkt, die je ziet bij de kaasboer.
Lennart is dol op de maan, die begroet hij 's middags en 's ochtends uitbundig.
Inmiddels is Lennarts taalgebruik en zijn woordenschat ook gegroeid. Ook maak ik vergelijkingen. Iets dat er mooi uitziet en de kleur wit heeft is dus … ja goed geraden … melkwit. Zijn tanden heten ook niet voor niets een *melkgebit.*
Dus ik neem producten en vraag of iets *vla*geel of *kaas*geel of *bloem*(boterbloem)geel? is

Is iets melkwit of echt (grapje) melktandenwit?
Dit kan met alle kleuren en voorwerpen. In elk geval hecht ik er waarde aan dat hij de etenswaren in zijn vocabulaire opneemt, en verbindt met iets wat mooi of lekker is.
Deze hierboven genoemde opzegversjes en raadseltjes doe ik meestal in de auto met Lennart of op de fiets of als wij in een supermarkt bij de kassa in een rij staan te wachten.

Telefoonnummer van Marion in Nederland:
0031 (0) 35 6943173

Eerste verhaal: Kikkervisje

De zon schijnt uitbundig op een grote kikkerdril in de sloot. Nee, niet kikkerbil maar kikkerdril. Dit zijn allemaal eitjes waar je in kunt kijken. Er groeien kleine kikkervisjes uit. Dit zijn dikkoppies.

Dikkoppies doen vaak zwemwedstrijden met elkaar. Dan worden hun dikke koppies nog dikker. De koppies worden zo zwaar dat de staart van de vis het koppie niet meer vooruit kan bewegen. De staart heeft er genoeg van en het koppie, het kikkervisje, gaat alleen verder zonder staart.

Dat is grappig. Het koppie groeit. Het koppie heeft nu ook vier pootjes. Ja, daarmee kan hij watertrappelen. Hij zou wel uit de sloot willen springen. Want hij wil ook wel leren lopen op die pootjes. Kan hij erop lopen?

Dat kan hij niet uitproberen in het water. In het water kan Koppie alleen maar zwemmen en niet lopen.

Daarvoor moet het koppie aan land gaan. Hoe komt het koppie uit de sloot?

Koppie gebruikt zijn koppie en denkt erover na …

Hij vindt het wel een beetje gevaarlijk, alleen aan land te gaan en daar te gaan lopen.

Zouden zijn pootjes het wel goed doen?

Het koppie kan met zijn pootjes goed zwemmen in het water. Maar zouden de pootjes hem echt dragen op de grond?

Oh, denkt Koppie, dan kan ik in de zon zitten op de kant naast de sloot en mijzelf in het water zien.

Ik ben vast heel mooi!

Zou ik dan al een kikker zijn? Dan heb ik gesprongen! Ja, dan ben ik een kikker!!!

Maar hoe kom ik voor het eerst op de kant van deze sloot?

Na een dag veel denken, waagt Koppie de sprong uit het water van de sloot in de lucht.

De druppels vliegen in het rond. Hij mist bijna de kant van de sloot. Het koppie glijdt met een pootje weer terug in de sloot. Hij klimt langs de rand van de sloot de kant op en ligt uitgeteld maar trots in de zon.

Hij kan springen uit en in de sloot. Gisteren kon hij dat nog niet. Gisteren durfde hij niet te springen uit de sloot. Toen kon hij alleen nog maar zwemmen. Maar nu kan hij als een echte kikker *springen.*

Hij tikt op zijn goed gevormde kikkerbillen die vol trots in de zon nadrillen.

Hij kan springen.

Tweede verhaal: Tanden maken

Heel kleine baby's hebben geen tandjes. Ze worden geboren en dan hebben ze geen tandjes in hun mond. Dus kunnen ze geen appel eten. Want dan heb je tanden nodig om te bijten. Weet je hoe je tanden heten? Melktanden. Maar wat veel belangrijker is, als je geen schitterende witte tanden hebt, dan kun je ook geen lekkere koekjes eten.

En het allerbelangrijkste … je kunt niet goed een leeuw of een hond nadoen. Grrrrrrouw gromt een leeuw en wraf wraf woef blaft de hond. Als je heel klein bent en je hebt geen melktanden dan kun je dat niet.

Weet je wat heel knap is en bijzonder? Dat je de tanden in je mond zelf hebt gemaakt.

Toen je een baby was, Lennart, had je geen tanden en ook kon je niet zelf naar de winkel om tanden te kopen. Lennart heeft zijn tanden zelf te voorschijn getoverd. Hij heeft ze zelf gemaakt Dat is knap van jezelf hè?

Nu ben je groot en sterk en kun je alles eten en drinken met je eigen mooie witte tanden.

Dus Lennart, jij kunt zelf dingen maken in je lijf. Je maakt zelf je nagels, jij laat ze groeien. Ook je haren laat je groeien. Als je haren te lang zijn gaan wij naar de kapperswinkel. Daar maakt de kapper je haren korter.

En de melktanden die gaan weg … jij maakt zelf weer nieuwe tanden als je *nog* groter groeit.

Hoe denk je dat een olifant aan zulke grote tanden komt …

Derde verhaal: Gefeliciteerd beste haan

Vandaag is een bijzondere dag. Wij gaan met z'n allen lopen naar boer Bert.

Op het erf van boer Bert woont Joop. Haan Joop is jarig. Hij heeft de hanen en kippen van de boerderijen in de buurt uitgenodigd om te komen op zijn verjaardagsfeest.

Het is zonnig weer. De kippen in het hok pikken hun veren keurig schoon. Want dadelijk vertrekken zij naar het erf van boerin Fieke en boer Bert. Kip Josje trekt haar mantel recht en haan Pieter neemt het cadeau onder zijn vleugel. Nu zijn ze allemaal klaar voor vertrek. Er is een druk gekakel. Wie mag er voorop lopen?

Uiteindelijk is Pieter haantje de voorste.

Daar gaan ze vlug onder het keukenraam door, voorbij de keukendeur fladderen ze … op weg naar de jarige haan Joop.

Kip Lies en kip Josje hebben een goed gevulde picknickmand mee voor onderweg. In de mand is allemaal lekker eten.

Het is een eind lopen naar de boerderij van boerin Fieke en boer Bert. Daarom gaan ze eerst naar boer Stijn, daar gaan ze op het erf met haan Klaas eten. Gelukkig, daar zien ze de boerderij waar haan Klaas woont. Haan Klaas staat op de uitkijk. Kukeleku, galmt het over het erf.

In de stal staan alle kopjes en bordjes klaar voor de picknick. En wie is er ook? Opi (Lennarts knuffel).

Dat is leuk. Opi zit klaar en wacht met de kippen en haan

Klaas op haan Pieter, Josje en Lies. Eigenlijk wacht Opi het meest op de goed gevulde picknickmand.

Gezellig. Nadat ze elkaar hebben begroet, zoeken ze een plaatsje aan de picknicktafel in de stal.

Opi eet wel een lekker broodje met worst. Ooit is Opi zijn buikje een beetje ziek geweest van het eten van kaas.

Hij drinkt een beker geel sappie-sap. (Zo noemt Lennart zijn drinken.) De kippen drinken melk van de koe. Dat drinkt Opi niet. Net als van de kaas *kan* het buikje ziek worden van het drinken van melk. Opi, de kippen en de hanen vinden het allemaal leuk en lekker, de picknick in de stal bij haan Klaas.

Maar nu alle buikjes goed gevuld zijn, gaan ze weer op pad. Er loopt een feestelijke stoet kippen en hanen samen met Opi door de weilanden naar de boerderij van boerin Fieke en boer Bert.

Je hoort de muziek al. In de verte zie je de rode, blauwe en gele ballonnen. Ook hangen er mooie slingers tussen de bomen. Opi vindt dit heel leuk. Hij heeft na deze wandeling wel zin in wat lekkers te eten.

Eerst de jarige haan Joop een kus geven en een hand. Joop ziet er prachtig uit. Hij heeft een deftige hoed op en een mooie strik om zijn hals. Op de hoed zit een grote rode veer. De veer heeft precies dezelfde kleur als Opi zijn rode trui. (Lennart zijn knuffel heeft een rood truitje aan.) Oooh wat is het hier leuk tussen al die vrolijke dansende kippen en hanen.

Boerin Fieke en boer Bert hebben veel lekkere hapjes gemaakt. Broodjes pindakaas en broodjes jam en plakjes worst. Opi neemt wel drie plakjes worst. 'Waarom neem je geen stukje kaas?' vraagt jarige haan Joop.

'Daar is mijn buikje ooit eens ziek van geweest', zegt Opi.

'Onzin!' roept haan Joop

Opi vindt haan Joop lief.

'Ik heb sinds de vakantie in Frankrijk (dit was werkelijk een moment, maar deze zin heb ik nu vervangen door 'sinds hij met zijn papa in de winkel was en van de winkelmevrouw een plakje kaas heeft gekregen …' De zin daarvoor was dat hij op de crèche een stukje brood met kaas heeft geproefd. Uitleggen wat proeven is), geen kaas meer gegeten', zegt Opi.

'Je mag toch wel een klein broodje met een klein stukje kaas?' vraagt haan Joop. 'Het is tenslotte mijn verjaardag, kom op!'

'Zou je dat wel doen, Opi?' vraagt boer Bert.

Opi eet een heel klein broodje met een heel klein stukje kaas dat haan Joop aan Opi heeft gegeven.

Dat vindt Opi heel lekker. Heerlijk vindt Opi dat kleine broodje met een klein stukje kaas.

Opi is blij en wil dansen met Lies en Josje.

Hij springt en danst en heeft veel pret.

Boer Bert kijkt verbaasd. Opi zijn buikje is er niet ziek van geworden. Opi danst. Boer Bert begrijpt er niets van.

'Zeg Opi, moet jij niet spugen', vraagt boer Bert aan Opi. 'Je hebt zojuist kaas gegeten maar je buik is er helemaal niet ziek van. Je staat hier te springen en te dansen.'

Ooooh, denkt Opi, Kaas is *echt* lekker en helemaal niet gevaarlijk ...

Opi zijn buik voelt zich helemaal niet ziek van dat kleine stukje kaas.

Opi voelt zich vrolijk. Zijn buikje eet kaas.

En nu ... nu eet Opi kaas op zijn brood en drinkt melk uit een beker.

Vierde verhaal: Naar de markt

Het is zaterdagochtend. Het is nog vroeg. Maar het is niet meer donker buiten.

Het wordt lichter.

Jas aan en sjaal om. Lennart, Opi en mama lopen naar de koekenbakker (= bakker, maar zo noemt Lennart de bakker).

'Of zullen wij met de fiets gaan?'

'Nee, wij gaan lopen. Tas mee voor de boodschappen.'

Hopla, daar gaan Lennart, Opi en mama.

Als ze bij de koekenbakker zijn aangekomen, zien ze dat er veel mensen in de winkel staan. De mensen kopen brood, kaas en koekjes. Mama koopt het brood en Opi en Lennart stoppen het samen in de boodschappentas. 'Daag', roepen ze opgewekt naar de bakker.

Van de koekenbakker lopen ze over de stoep langs de klokkenmaker naar de markt. Als ze bijna bij de markt zijn, lopen Opi, Lennart en mama de winkel van de krantenman binnen. Dit is een grappige winkel. Hier hangen posters van Pokemon en Pikachu.

Eindelijk, nu gaan ze naar de markt. Eerst de straat oversteken. Ze gaan direct naar de marktkraam met eieren. Lennart en Opi vinden eitjes eten erg lekker. Lennart en Opi rennen over de markt. Bij de kaaskraam is het druk, er staan veel mensen te wachten.

Joepie, de groente-en fruitman! Hier gaan ze allemaal lekkere dingen kopen. Lennart kiest. Lennart wil appels, bananen en mandarijnen. Dit eet Lennart zijn buikje allemaal op. Opi zijn buikje vindt dit ook allemaal lekker. Opi wil ook nog worteltjes, tomaten en kiwi. Ja, ook Opi mag dat allemaal eten. De buikjes smullen ervan.

Wat is de markt toch grappig. Nu is de boodschappentas vol. Ze lopen richting huis. Opi is moe. Ook hij mag in de tas, boven op de boodschappen. Lennart krijgt van mama een banaan.

Als Lennart en mama thuiskomen is Opi in slaap gevallen.

Papa en broer Sam wachten aan tafel. Lennart gaat op zijn stoel zitten. Opi komt naast hem zitten.

Lennart smeert zijn broodje. Eerst doet hij er boter op.

Opi wil eigenlijk spelen met de blokken en de auto's. De telefoon rinkelt. Papa neemt de telefoon aan en loopt met de telefoon naar boven. Opi is snel gaan spelen, nu moet hij van mama weer aan tafel zitten. Opi eet de boterham op die op het bord ligt. Opi wil ook nog een eitje eten.

Daar komt papa weer de kamer binnen. 'Opi, ga eens op je eigen stoel zitten', zegt papa tegen Opi. Opi schuift bij Lennart op de stoel aan. Hij eet de laatste hapjes van zijn eitje en glijdt vervolgens snel van de stoel af om weer met de auto's te spelen. Lennart en Sam komen ook spelen. Papa en mama zitten nu samen aan tafel.

Papa en mama praten.

Plotseling roept papa: 'Wie heeft mijn broodje met kaas opgegeten?'

Sam, Lennart en Opi spelen met de race-auto's en de vrachtauto's.

'Opi, heb jij mijn broodje kaas opgegeten?' vraagt pappa aan Opi.

Opi kijkt naar papa en daarna naar zijn buikje. Ja, hij heeft papa zijn broodje opgegeten, maar hij wist niet dat er kaas op het broodje zat. Hij heeft snel gegeten zodat hij weer vlug kon gaan spelen.

Maar dat is wat.

Zijn buikje is helemaal niet ziek geworden.

'Zeg buikje', zegt Opi tegen zijn buikje. 'Ik weet dat jij vroeger wel eens ziek bent geweest van een stukje kaas, maar ondertussen ben jij, buikje, nu al zo groot en sterk geworden dat het nu zeker al lukt om kaas te eten.'

'Dat is waar', zeggen papa en mama tegen Lennart.

'Lennart, die beentjes van jou zijn ondertussen toch ook al zo sterk geworden dat je kunt rennen en voetballen. Met je vingers kun je ondertussen ook mooi tekenen.'

Opi wil spelen met de blokken. Hij roept: 'Kom Lennart wij gaan spelen.'

'Moet je buikje niet spugen?' vraagt Lennart. 'Nee', zegt Opi 'mijn buikje is ondertussen sterk geworden. Mijn buikje kan van nu af aan kaas eten en melk drinken. Kaas eten is lekker.'

'Ik kan kaas eten', roept Opi.

Vijfde verhaal: Opi en de schildpad

Wat leuk! We gaan zwemmen. Opi neemt zijn handdoek en zwembroek mee.

In het water wonen de vissen. De vissen voelen zich fijn in het water. Ze spelen lekker tussen de planten. Af en toe knabbelen ze aan een blaadje en zo ontmoeten ze ook de buren. De schildpadden wonen naast de vissen in het water. Maar schildpadden kunnen ook in een tuin wonen. Dat kunnen vissen niet.

Schildpad Mieke weet niet waar ze wil wonen, bij de vissen in het water of bij de mensen in de tuin. Schildpad Mieke loopt langzaam het water uit. Haar hoofd hangt sip tussen haar voorpoten. Daar ziet Mieke Opi.

'Dag Schildpad Mieke', roept Opi vrolijk. 'Dag Opi', zegt schildpad Mieke.

'Ga je mee zwemmen, Mieke', roept Opi ondeugend. 'Ik weet het niet', zucht schildpad Mieke. 'Eerst zitten en even lekkere melk drinken', zegt schildpad Mieke. 'Al dat water … Ik heb er genoeg van.'

Opi staat met zijn handdoek en zwembroek klaar om te zwemmen.

Oei, denkt Opi, ik mag geen melk drinken. Daar is mijn buikje ooit eens ziek van geweest. Opi drinkt sappie met water.

Schildpad Mieke vindt melk drinken lekker, maar vindt het drinken van Opi ook lekker.

Schildpad Mieke drinkt heel snel de beker met melk leeg. Als de melk op is, begint de schildpad heel hard te lachen. Schildpad Mieke kan niet stoppen: 'Hihihihihihihi!!!' De schildpad schudt in haar schild.

'Wat voer jij daar uit?' vraagt Opi.

'Melk kriebelt veel vrolijker in mijn buik dan water.'

Opi wil ook graag zo lachen als schildpad Mieke.

Maar van sappie met water krijg je niet van die lachkriebels in je buik.

De melk zwemt vrolijk in de buik van de schildpad.

'Hahahahahahaha!!!' Wat moet schildpad Mieke toch vrolijk lachen. Mieke kan niet stoppen met lachen: 'Hahahahaha!!!'

Opi wil ook zo lachen.

Van melk moet je lachen, maar Opi mag van zijn buikje geen melk drinken.

Opi voelt zich sip worden.

Schildpad Mieke lacht in haar eentje.

'Ik kom bij jou in de tuin wonen', zegt schildpad Mieke. 'Dan kunnen wij samen melk drinken en lachen.'

'Nou', zegt Opi, 'dat is niet waar. Je lacht in je eentje. Dat is niet leuk voor mij.'

'Drink dan ook een slokje melk Opi', zegt schildpad Mieke, 'dan ga je ook veel lachen.'

Veel lachen wil Opi wel dus drinkt Opi een slokje melk. Hij lacht en lacht: 'Hihihihihi!'

'Zie je nu wel', lacht schildpad Mieke, 'melk drinken is leuk.'

Het buikje van Opi schudt ook van plezier.

'Vind je dit leuk?' vraagt Opi aan zijn buikje.

'Hahahahahaha', lacht Opi zijn buikje, eindelijk kan ik goed meelachen.

'Proost!' (Daadwerkelijk met hem proosten.)

Voor Flore

zes jaar, allergie voor stof en honden; huiduitslag

Verhalen geschreven door Ann Delnoy, voorgelezen door de ouders

Beschrijving van het probleem

Allergie voor stof en honden, en ze zit vol met rode plekjes over heel haar lichaam en haar gezicht; volgens de arts is het eczeem.

Tips

Flore houdt van konijnen en in het bijzonder van 'Witje', haar lievelingsknuffel.
Ze houdt ook van prinsessen, en van andere dieren zoals olifanten.
Ze speelt graag op een boerderij in de buurt, maar ze kreeg steeds last van een stofallergische reactie in de stal omdat daar veel stof ligt.
Ze is de kleinste van de klas, wat je terugvindt in de verhaaltjes: het konijn Witje is de kleinste van de familie.

Resultaten

Ann schreef vier verhaaltjes voor de stofallergie. Dat werkte vrij snel, zodat Flore eindelijk ook vrij in de stal van de boerderij kon spelen. Haar longen piepten vroeger en dat is ook helemaal verdwenen.
Daarna twee verhaaltjes voor de hondenallergie, die ook snel verdween. Ze had geen jeuk en geen tranende ogen meer, en stopte met zich te krabben.
Vervolgens twee verhaaltjes voor de rode plekjes, een soort eczeem. Flore begon er veel beter uit te zien en de plekjes werden zachter van kleur.

Volgens de laatste berichten zijn die plekjes bijna helemaal verdwenen en daarna weer een beetje toegenomen, ze heeft nu - na de verhaaltjes - voor de helft mider last van haar eczeem. Drie jaar later is alles nog stabiel.

Telefoonnummer van de ouders:
0032 (0) 16772588

Eerste verhaal: Witje

Heel ver hier vandaan leefde er eens een grote konijnenfamilie op een prachtige heuvel midden in een groot knollenveld.

De konijntjes hadden het heel leuk samen. Alle dagen huppelden, sprongen en speelden ze in de velden. Mama konijn had het 's avonds heel druk om haar twintig rakkers op tijd in bed te krijgen, zeker met haar dikke buik vol jongen.

Op een morgen had mama een lekker warm zacht nestje klaargemaakt. Net op tijd was ze klaar …Even later werden de babykonijntjes geboren.

Friemelend en spartelend lagen de kleintjes te genieten van de lekkere melk van hun moeder. Gelukkig had mama konijn genoeg tepeltjes om al haar kindjes tevreden te stellen. De hele konijnenfamilie kwam haar nieuwe broertjes en zusjes bewonderen.

'Oh, mama, wat zijn het er veel! Zijn dat allemaal mijn broertjes en zusjes?' vroeg Mopsie, de grootste deugniet van de hoop.

'Ja zeker', zei mama, 'Ik weet nog niet precies hoeveel nieuwe kindjes ik heb, maar als jullie het goed vinden, zullen we ze samen eens tellen.'

Allemaal samen begonnen ze te tellen: 'Eén, twee, drie, vier, vijf, zes.'

'Het zijn er zes, het zijn er zes!' juichte Mopsie.

'Hé, wat voel ik hier?' vroeg mama verwonderd. Helemaal onderop verscholen onder de zachte donshaartjes van het nest lag nog een allerliefst, klein konijntje. Het was iets kleiner dan alle andere konijntjes en zo schattig dat iedereen het dadelijk wou opnemen en strelen.

'Nee, kinderen, dat kan nu nog niet. Heb nog een paar dagen geduld. Jullie zullen nog heel veel samen kunnen spelen, maar laat ons kleintje nu eerst maar groter en sterker worden.'

Net op dat moment kroop het kleinste konijntje heel dicht tegen zijn mama aan en begon gretig te drinken. De grotere kinderen keken nog één keer heel trots naar hun nieuwste familieleden en sprongen dan blij het grote knollenveld in.

'Kom, laten we verstoppertje spelen!' riep Langoor.

'Oké, Oké!' riepen de anderen in koor. De hele dag stoeiden de konijnenkinderen op de heuvels en knabbelden ze van lekkere wortels en knollen. Tegen de avond slenterden ze doodmoe naar hun nestje. Nog net voor hun oogjes dichtvielen, kwamen mama en papa een nachtzoentje geven.

'Slaap maar lekker en droom maar van jullie nieuwe broertjes en zusjes', wenste papa hen toe. Een laatste zuchtje en toen werd het stil …

Enkele weken later waren de babykonijntjes hun nestje ontgroeid. De zes grootste hadden een prachtig bruine pels gekregen, allemaal met een zwart vlekje op hun staartje. Alleen het kleinste was helemaal WIT.

'Jou noemen we Witje', besliste mama. Witje was de lieveling van iedereen, zó schattig en zó lief. Er werd dan ook extra goed voor hem gezorgd.

Op een mooie zomermorgen trok de hele bende er weer op uit.

'Zullen we nog eens supersnel tot aan de grote eik rennen?' stelde Mopsie voor.

'Een goed idee', vonden al de anderen.

'Nee, nee, ik doe niet mee', zei Witje, het kleinste konijntje.

'Waarom dan niet?' vroeg Langoor.

'Vorige week liepen jullie zo snel dat ik jullie helemaal niet kon bijhouden. Ik vond dat niet leuk.'

'Ja maar, Witje, dat was vorige week. Nú ben je weer groter en sterker geworden. Ik heb gezien dat je deze week weer veel wortels, knollen en sla hebt gegeten. Je bent enorm gegroeid en je poten zijn een stuk langer geworden. Ik weet zeker dat je ons nu wel kunt bijhouden.'

Witje keek verbaasd naar zijn poten en zijn mooie lijfje.

'Ja, Langoor, je hebt gelijk, nu zie ik het ook. Ik ben groter geworden en ik voel me ook sterker dan vroeger. Zou het me lukken om even snel te lopen als jullie?'

'Ik denk van wel. Maar je weet het alleen zeker, als je het doet!' riep Mopsie lachend. Dat liet Witje zich geen twee keer zeggen. Samen met alle andere spurtte hij het grote knollenveld over. Ze renden of hun leven ervan afhing en Witje liep gewoon heel dapper mee. Wat voelde hij zich trots nu hij even snel als zijn broers en zussen over het knollenveld liep.

'Hé, hebben jullie gezien hoe snel ik loop? Vorige week kon ik jullie niet bijhouden en nu lukt het vanzelf!'

Wat was hij blij!

Ja hoor, het ging vanzelf. Gewoon omdat hij groter, sterker en slimmer was geworden. Samen met de anderen kwam hij bij de grote eik aan.

'Bravo, bravo, Witje, je hebt het gehaald. Samen met ons!'

Tweede verhaal: Stofwitje

Wat was het toch warm vandaag! De zon prikte op Witjes konijnenvachtje. 'O mama, ik heb het veel te warm. Wanneer stopt de zon met schijnen?'

'Straks Witje, straks als het donker wordt. Maar ga nu even lekker rustig in de schaduw liggen, dan kun je wat afkoelen.'

Witje slenterde traag naar een koel plekje onder de vijgenboom en vlijde zich neer op het zachte mos. Hier voelde hij zich al wat beter.

Het had al verschillende dagen niet geregend en de grond was kurkdroog. De knollen op het veld, het gras in de wei, de bomen en struiken in het bos; alles verlangde zo hevig naar wat verfrissend water. Er was echter in de verste verte geen regenwolkje te bespeuren. En alsof het nog niet droog genoeg was, spreidde het zonnetje kwistig haar verwarmende stralen om zich heen.

'Mama, mama, we zijn terug!' riep een hele bende konijnenkinderen.

'Waar hebben jullie zo lang gezeten ?' vroeg mama. 'We zijn

naar de oevers van de konijnenvallei geweest. Daar was het heerlijk koel.'

Langoor keek naar Witje, die zalig lag te genieten van zijn schaduwplekje onder de boom.

'Witje, je had moeten meegaan! Het was zo leuk in de vallei.' Witje trok onverschillig zijn schoudertjes op en zei dromerig: 'Voor mij is het hier zalig.'

'Kom', zei mama, 'roepen jullie papa eens. We zullen samen wat eten. Ik heb hier nog een paar verrukkelijke selderieknollen en enkele knapperige kroppen sla. Dat zal jullie zeker smaken.' Even later zat de hele konijnenfamilie te smullen van de heerlijke maaltijd.

'Mama, dit was superlekker!' zei Bruintje één.

'Maar mogen we nu weer gaan spelen?' vroeg Bruintje twee.

'Kom, we gaan stofwolkje spelen', grinnikte Bruintje drie.

'Ja, ja, een goed idee!' riepen alle anderen. Stofwolkje spelen was hun nieuwste zelf uitgevonden spelletje. De bedoeling van het spel was om zo hoog mogelijke stofwolkjes te maken. Aangezien er veel stof was door de droogte lukte dat heel aardig. Alle konijntjes vonden het leuk, maar Witje kreeg door het stof tranende oogjes en voelde zich niet lekker in zijn velletje. Toch wou hij nog meedoen, want stofwolkjes maken vond hij gewoon hartstikke leuk.

Op een bepaalde moment werd het echter te erg en Witje vluchtte weg naar zijn mama. Witjes oogjes waren helemaal rood en hij voelde overal jeuk. 'Mama, help me toch. Dit is echt niet meer fijn. Wat moet ik doen?'

'Jij hebt blijkbaar wat hulp nodig, Witje. Dat stof doet jou geen goed. Ik heb ook gemerkt dat je zelfs 's nachts in je hol last hebt van stof dat er rondhangt. Je zit dan zo in je oogjes te wrijven. Ja, het is tijd dat we er iets aan doen … Weet je Witje, achter onze heuvel, in het grote bos, woont een hele wijze tovenaar. Misschien kan hij jou helpen.'

Witje knikte: 'Moet ik daar dan helemaal alleen naartoe, mama?' vroeg hij wat angstig.

'Nee, natuurlijk niet lieve schat. Jouw grote broer Langoor weet waar die man woont. Hij wil zeker wel met jou meegaan.'

Tien minuutjes later huppelden de twee broertjes de heuvel over.

Witje voelde zich wat zenuwachtig. Zou die tovenaar hem echt kunnen helpen? Als dat eens waar was!

'Zo Witje, we zijn er. Zal ik bellen of doe jij het?' vroeg Langoor.

'O, laat mij maar.' Witje ging op zijn achterste poten staan, rekte zich helemaal uit en kon toen net bij de bel. Drie tellen later deed een grote, oude man met een lange baard de deur open. Hij zag er heel vriendelijk uit.

'Dag vrienden, kom toch binnen en vertel me wie jullie zijn.'

'Wij zijn van de konijnenfamilie Vlekstaart. Ik heet Langoor en dat is mijn kleine broertje Witje.'

'O, wat een mooie namen hebben jullie! Maar vertel eens, waarom komen jullie mij bezoeken?'

Langoor porde zijn broertje aan: 'Kom op Witje, vertel het nu.'

Witje stotterde wat verlegen: 'Euh ikke, ikke wil zo graag stofwolkje spelen.'

De tovenaar keek eerst ongelovig naar het konijntje en begon toen te lachen. 'Wel, wel', zei hij, 'Als jij zo graag stofwolkje speelt dan doe je dat toch gewoon!'

Witje keek teleurgesteld: 'Maar dat gaat niet, ik krijg tranende ogen en ik voel me niet lekker als er veel stof om mij heen is.'

'Ah, nu begrijp ik jouw probleem', knikte de tovenaar, 'Je wilt graag dat jouw oogjes het stof goed kunnen verdragen en dat jij je gezond voelt in je velletje, ook al ligt je hele hol vol stof.'

'Ja, ja, dat is het!' riep Witje enthousiast, 'Kun jij dat alsjeblieft voor me toveren?'

De tovenaar schudde zijn hoofd: 'Jij daar, jij zelf Witje, bent de tovenaar. Ik zal je zeggen wat je kunt doen.' De oude man dacht diep na. Er volgde een lange stilte en daarna begon de wijze man eindelijk weer te praten: 'Witje, binnen in jouw buikje zitten allemaal kleine 'Witjes', die elk een taak hebben en zorg dragen voor iets. Zo is er één buikwitje dat ervoor zorgt dat jij snel kunt lopen. Een ander buikwitje zorgt er dan weer voor dat jij heel ver kunt springen. En nog een ander buikwitje zorgt ervoor dat jij honger krijgt zodat je weer lekker kunt gaan smullen. Zie je Witje, al jouw buikwitjes hebben het beste voor met jou. Maar heel af en toe vergist één van jouw buikwitjes zich. Zo is er een buikwitje dat een hekel aan stof had, we zullen hem 'Stofwitje' noemen. Stofwitje heeft zich ook vergist. Misschien heeft stofwitje wel gedacht dat jij niet zo goed stofwolkje kon spelen en altijd zou verliezen. Hij heeft misschien die tranende oogjes gegeven en er zo voor willen zorgen dat je niet mee kunt spelen, zodat je dan ook niet kunt verliezen. Stofwitje weet misschien niet dat jij ondertussen veel sterker geworden bent, en dat je nu best kunt winnen van je broertjes.

Dat is eigenlijk helemaal niet erg, want nu we van die vergissing op de hoogte zijn, kun jij Stofwitje in jouw buikje helpen. Je bedankt Stofwitje dat hij zo goed voor jou wil zorgen, maar je zegt hem ook dat je last hebt van je tranende ogen en van dat vervelende gevoel en dat je daar graag van af wilt. Je vertelt hem ook dat je slimmer en groter bent geworden en dat je nu weet dat het stof waarvan jij traantjes kreeg in je oogjes, hetzelfde stof is als van de aarde waar jij alle dagen zo vrolijk op loopt. Het stof waar jij niet tegen kon is net zoals de aarde die aan de heerlijke wortels en knollen hangt en waar jij alle dagen van smult. Het stof waar jij 's nachts in je konijnenhol jeuk van kreeg is precies hetzelfde stof als waarin jij met veel plezier een nieuw hol graaft …'

De tovenaar stopte even met praten. Hij zag hoe flink Witje zijn oogjes dicht had gedaan. Witjes konijnensnoetje bewoog zachtjes. Hij was druk bezig alles aan Stofwitje in zijn buikje uit te leggen. Na enkele minuten deed Witje opgelucht zijn ogen open. 'Ik geloof dat Stofwitje het begrepen heeft', zei Witje zachtjes. De tovenaar knikte Witje bemoedigend toe: 'Je ziet, Witje, eigenlijk kun je best wel tegen stof. Als jij op het veld kunt rennen terwijl je het hierbij opvliegende stof helemaal niet erg vindt, dan kun jij ook leuk stofwolkje spelen. Als je tegen het ene stof kunt, verdraag je ook ander stof. Want uiteindelijk is alle stof hetzelfde. Begrijp je het, Witje?'

Witje knikte alleen maar. Hij wist niet wat hij moest zeggen. Hij voelde alleen heel zeker dat de tovenaar gelijk had … De grote oude man legde zijn warme handen op Witjes zachte vachtje en keek hem diep in zijn ogen: 'Ga nu maar naar huis, Witje. Ik weet dat het je goed zal gaan.'

Derde verhaal: Prinses Samira

Heel lang geleden en heel ver hier vandaan, over alle bergen en zeeën heen, leefde er eens een klein, lieftallig prinsesje. Samira was haar naam. Ze had mooie blonde haren en prachtige blauwe ogen. Als je goed keek zag je kleine lichtjes in haar oogjes. En wanneer het prinsesje heel blij was, flikkerden die lichtjes als sterretjes.

Eens op een dag werd er beslist om een groot lentefeest te organiseren in het paleis. Iedereen was al dagen druk in de weer om het feest voor te bereiden. De boeren van het dorp brachten hun mooiste vruchten naar de kok van het paleis: prachtige, dikke pompoenen, verrukkelijke, blozende appelen, heerlijke sappige perziken en nog veel meer. Wat was de kok blij met al die lekkere, verse vruchten. Nu kon hij eindelijk aan zijn feestelijke maaltijd beginnen.

Samira mocht al haar vriendjes en vriendinnetjes van het dorp uitnodigen op het lentefeest. En dat waren er heel wat. Ze mochten allemaal verkleed naar het feest komen. Was het al maar zo ver. Wat duurde wachten toch lang, vond Samira.

Een paar dagen voor het feest slenterde ze eenzaam door de lange gangen van het paleis. Ze verveelde zich dood. Het hele hof had het druk met de feestelijke voorbereidingen. Niemand had nog wat tijd over voor de kleine prinses. Ze zat bedrukt voor zich uit te staren. De lichtjes in haar ogen waren even verdwenen. Plots klaarde haar gezichtje op. Een leuk idee schoot haar te binnen: 'Nu toch niemand op me let, kan ik eindelijk eens naar de oude paardenstallen gaan kijken.' Samira was eigenlijk een beetje ondeugend want ze mocht van haar mama en papa helemaal niet naar de oude stallen van het paleis gaan. Het was daar immers heel stoffig en Samira kon niet tegen stof. Ze kreeg er tranende ogen van en een vervelend gevoel over heel haar lichaam. Samira was echter zo opgewonden bij het vooruitzicht dat ze eindelijk die stallen ging zien, dat ze helemaal niet aan het stof dacht. Schichtig om zich heen kijkend, om zeker te zijn dat niemand haar zou zien, liep ze snel naar de achterdeur van het paleis. 'Oef, tot hier ben ik al gekomen', zei Samira tot zichzelf. Even later schuifelde ze voetje voor voetje langs de hoge muren van het paleis. Zo kwam ze na een tijdje helemaal aan de achterkant van het gebouw. Hierachter stonden de stallen. Wat was ons prinsesje toch benieuwd … De grote staldeur stond open. Samira hoorde de paarden al hinniken en ergens wat verder weg weerklonk er geloei van koeien. Ze bleef nog even twijfelend staan aan de grote deur, maar dan ging ze vastberaden naar binnen. Dit is mijn kans, die kan ik nu niet voorbij laten gaan, dacht Samira. O, wat vond Samira het prachtig in die grote, oude stal. Het was een grote ruimte met een heel hoog plafond, bekleed met oude stoffige planken. Overal hingen spinnenwebben en het rook er heerlijk naar stro en paardenmest. Alles was oud en stoffig, maar voor Samira leek die oude stal nu veel mooier en interessanter dan de mooiste kamer van haar paleis. Voor haar stonden vier prachtige paarden. Zachtjes klopte Samira op de hals van het kleinste, witte paard. Tevreden deed het paard even zijn ogen dicht.

'Hé, wat doe jij hier, kleine prinses?' klonk het plots achter haar. Samira draaide zich verschrikt om. Voor haar stond Tom, de stalknecht. Hij keek haar vriendelijk, maar toch ook wel een beetje onderzoekend aan: 'Wel meisje, ik dacht dat jij hier niet mocht komen?'

Samira was sprakeloos. Ze kreeg een kleurtje en keek verlegen naar de punten van haar schoenen.

Tom pakte haar hand vast: 'Kom prinsesje, ik vind het leuk dat je mij eens komt bezoeken in mijn stal. Als je het goed vindt, laat ik jou alle dieren zien.' Daar hoefde Samira niet lang over na te denken. Ze knikte heftig ja met haar hoofd en in haar ogen begonnen er lichtjes te flikkeren.

'Kijk Samira, hier staat onze oude ezel "Grijsoor". Het is zo'n lief beest. Wil je hem eens aaien?' 'Ja, graag', zei Samira.

Zachtjes streelde ze het dier over zijn rug.

'O, wat ben ik blij dat ik hier nu ben', zuchtte Samira opgelucht. Tom keek haar begrijpend aan: 'Ik begrijp niet waarom jij hier nooit mocht komen. Het is hier juist leuk voor kinderen.' Samira trok verschrikt haar hand voor haar mond: 'Nu moet ik snel weg, want dadelijk beginnen mijn oogjes te tranen!' Tom begreep er niets van: 'Hoezo, waarom moet je nu plots weg?'

Samira legde uit: 'Als er stof is en hier is veel stof, dan beginnen mijn ogen te tranen en voel ik mij niet lekker in mijn vel.' Tom lachte: 'Maar ik zie bij jou alleen maar twee lachende oogjes en zo te zien voel jij je hier heel goed in je velletje.' Samira keek hem stomverbaasd aan: 'Ja, je hebt gelijk Tom. Ik voel mij hier kiplekker, ik heb nergens last van. Hoe kan dat nu?' Tom krabde even in zijn haar: 'Ach Samira, ik denk dat ik weet wat er gebeurd is. Het is de normaalste zaak van de wereld. Moet je weten, ik had vroeger toen ik klein was ook last van stof, maar met het groter en sterker worden is het gewoon overgegaan. Zo zal het nu ook met jou gaan. Je lichaam is weer een stuk slimmer geworden. Je hebt weer zoveel bijgeleerd en zonder dat jij het echt weet, heeft een deeltje van jouw lichaam geleerd hoe het dat stof kan verdragen. Waarschijnlijk is het al een tijdje geleden dat je nog in een stoffige ruimte bent geweest.'

De kleine prinses knikte: 'Ja, dat is al een heel tijdje geleden.' 'Zie je wel, ondertussen is jouw lichaam weer slimmer geworden, het weet nu hoe het stof kan verdragen. Zie je nu, hoe je op je lichaam kan vertrouwen, Samira. Je hebt er zelf niks speciaals voor gedaan. Je bent gewoon gegroeid en sterker geworden. Je lijfje en je oogjes hebben het gesnapt. Stof hoort bij het leven, het is niet iets om je druk over te maken.'

Het kleine meisje keek aarzelend naar Tom: 'Denk je echt dat ik alle stof nu goed zal kunnen verdragen? Zou het echt lukken, Tom?'

'Ja, ik ben er zeker van', zei Tom overtuigend. 'Als jij hier nu tegen al dat stof van die oude stal kunt, dan kun jij straks ook tegen een onnozel stofpluisje dat misschien onder je bed ligt. Uiteindelijk is alle stof een beetje hetzelfde. Begrijp je, lieve prinses?'

Samira knikte: 'Ik denk dat je gelijk hebt, Tom. Ik ga nu vlug naar mama en papa. Wat zullen ze blij zijn als ik hen het goede nieuws vertel! Morgen kom ik zeker terug. Heel erg bedankt Tom!'

Vierde verhaal: Samira op de zolder

'Samira … Samira … hé kleine prinses, ben je eindelijk wakker?' Mama koningin keek glimlachend naar haar dochtertje, die slaperig haar oogjes open deed. 'Kom kleine meid, opstaan. Vandaag is het de grote dag: Lentefeest in het paleis! Trek je verkleedkleren maar aan, want straks komen al jouw verklede vrienden en vriendinnetjes. Wat denk je Samira, zullen we ze nog wel herkennen?'

Samira veerde plots op uit haar prinselijk bedje: 'Mama, mama, en ik? Ik heb zelf nog niks om aan te trekken!' Snikkend ging ze verder: 'En nu hebben we zeker geen tijd meer om nog naar de winkel te gaan?'

'Maar lieve schat, maak je toch geen zorgen. Ik ben jou niet vergeten, hoor! Alles is al geregeld. Je mag zo dadelijk naar de zolder gaan naar mevrouw Wijs. Je weet wel, het oude vrouwtje dat helemaal boven op zolder woont. Zij weet waar de grote bruine verkleedkoffer staat en zij zal jou helpen om iets moois voor jou uit te kiezen. Hup, ga nu maar Samira. Mevrouw Wijs wacht boven op jou.'

Samira deed vlug haar roze pantoffeltjes aan en liep zingend de trappen op. Wat was ons prinsesje blij. Dit had ze niet verwacht. Eindelijk zou ze de grote zolder van het paleis zien. Daar had ze voordien nooit mogen komen, maar nu mama en papa ook wisten dat haar stofprobleem opgelost was, mocht ze zoveel meer leuke dingen doen … Even later stond ze op de bovenste trap. Hier kon ze niet meer verder. De grote deur naar de zolder hield haar tegen. Aarzelend klopte Samira op de deur. Verrassend snel kwam het oude vrouwtje opendoen. 'Dag prinsesje. Welkom op de grote zolder van het paleis. Loop maar gerust door hoor. Alles is hier veilig en als je iets wilt vragen: ik ben hier om jou te helpen.'

'Dag mevrouw Wijs. Wat fijn dat u mij wilt helpen. Ik zoek een grote bruine verkleedkoffer. Mijn mama zegt dat die hier ergens staat.'

Het oude vrouwtje taste diep in de zak van haar schort en haalde er een grote, gouden sleutel uit. Met glinsterende oogjes keek Samira naar de prachtige sleutel: 'Is, is dat de sleutel van de koffer?' vroeg ze hoopvol.

Mevrouw Wijs knikte: 'Kom, volg mij. Ik breng jou er naar toe.' Ze baanden zich samen een weg door torenhoge stapels dozen, oude stoelen, een antiek spinnewiel en zoveel meer … Nu pas zag Samira hoeveel stof er lag op al die oude spullen: zou ze daar nu echt wel tegen kunnen? Plots begon ze te twijfelen en bleef ze staan. Mevrouw Wijs voelde dadelijk dat er iets scheelde en draaide zich om: 'Wel prinsesje, wat is er?' 'Al dat stof, Mevrouw Wijs.' 'Maar prinsesje toch. Jouw ouders hebben mij verteld dat je het stof in de stal, verleden week, zo goed kon verdragen. Dan zal het hier ook wel lukken. Je ziet er nog altijd even stralend uit. Vertrouw nu maar op het kleine Samiraatje in jouw buikje dat geleerd heeft om al het stof van jouw wereldje goed te kunnen verdragen. En weet, lieve prinses, dat jouw lijfje weer een stukje groter, sterker en slimmer is geworden. Wat verleden week in de stal is gelukt, gaat nu dus nog beter lukken!'

'U hebt gelijk, mevrouw Wijs. Dat stof doet me niets. Kijk, ik blaas er zelfs op en er gebeurt niets met mij!' Lachend richtte Samira zich naar het oude vrouwtje: 'Ik ben blij dat ik hier gekomen ben op deze stoffige zolder. Nu weet ik echt heel zeker dat ik alle stof goed verdragen kan. Kom mevrouw, toon mij snel de verkleedkoffer, dan kan ik naar het feest en vertel ik het goede nieuws aan al mijn vrienden en vriendinnen!'

Vijfde verhaal: Stofwitje en Koewitje

'Witje … Wi-itje, Wi-tje', klonk het over de heuvels van konijnenland. 'Waar zit die kleine nu toch?' mompelde mama konijn wat ongerust. Het werd al wat donker en frisser buiten en mama vond dat het hoog tijd was dat kleine Witje naar huis kwam. 'Langoor, Mopsie en Flappie, willen jullie alsjeblieft eens gaan kijken waar onze Witje blijft?'

'Oké mam, ik denk dat ik al weet waar hij is', lachte Mopsie ondeugend. 'Hij zit zeker weer bij zijn vriendinnetje, Pelsie. Maak je geen zorgen, mama. Binnen het halfuur staan we hier weer, mét Witje! Kom Langoor en Flappie, we zijn weg.' Het drietal huppelde vrolijk weg. Mopsie nam de leiding en zei: 'Ik denk dat Witje aan de rand van de konijnenvallei zit. Gisteren zat hij daar ook te ravotten met Pelsie.' De broertjes vonden het spannend om zo 's avonds laat nog op stap te zijn. Mopsie hield even halt en wees met zijn pootje: 'Kijk jongens, we gaan hier het bos door, dan de grote wei van de koeien over en daarna komen we in de konijnenvallei.' Langoor en Flappie knikten instemmend: 'Laten we rennen, dan zijn we er vlug.'

Een tiental minuten later waren onze drie vriendjes in de vallei. Het werd nu echt wel donker. Gelukkig zorgde de maan voor een zachte, betoverende gloed, die de konijntjes net genoeg licht gaf om hun ondeugende broertje, Witje, te vinden. Langoor zag hem het eerst: 'Psst, psst, kijk daar. Daar is Witje', fluisterde Langoor. 'Kom hier, Mopsie en Flappie. Zie hem nu, ons kleine Witje. Het is niet te geloven.' Witje en zijn vriendinnetje Pelsie waren 'stofwolkje' aan het spelen. Witje vond het zo leuk, dat hij zijn drie broers niet eens opmerkte. Hij schaterlachte en genoot van de hoge stofwolken die hij zelf maakte. Pelsie keek bewonderend naar haar vriendje: 'Jij wordt nog stofwolkkampioen, Witje. De kleine held knikte: 'Ik weet het, Pelsie. Het is waar. Sinds ik stof heb leren verdragen, bèn ik een echte kampioen.'

'Hé jij, kleine opschepper. Zou je eens niet naar huis komen? Mama zit al ùren op jou te wachten', overdreef Mopsie een beetje. Witje draaide zich verschrikt om. Daar stond hij oog in oog met zijn drie grote broers, die hem lachend aankeken: 'Kom Witje, zeg dag tegen Pelsie en kom dan mee. We moeten nog een heel eind terug!'

'Oh, wat was dat?' Een lichtflits verlichtte plots de vallei. Twee tellen later weerklonk er een oorverdovende donderslag …

'Rennen, rennen, het begint hier te stortregenen!' riep Langoor.

Opgejaagd door de plots opgekomen onweersbui renden de vier broertjes huiswaarts. Al gauw waren ze doorweekt tot op hun tere konijnenvelletje. De aanhoudende, felle regen maakte het hen moeilijk om vooruit te komen.

'Kunnen we hier niet ergens schuilen?' klaagde Witje. 'Ja, dat gaan we doen, Witje. Ik weet een plek. Hier op de grote koeienwei staat ergens een stal. Daar kunnen we zeker schuilen.' De stromende regen maakte het hen moeilijk om goed te zien, maar dankzij Mopsie die altijd en overal zijn weg vond, stonden onze broertjes enkele minuutjes later voor de stal.

'Kom er maar bij! Plaats genoeg', werden ze verwelkomd door de familie Koe die zich ook een plaatsje had veroverd in de stal.

'Dank u, dank u, wat een geluk dat jullie zo'n fijne stal hebben', zei Langoor dankbaar. Door de aanwezigheid van de grote koeienlijven was het heerlijk warm in de stal. Mopsie, Flappie en Langoor nestelden zich heerlijk in het stro en genoten van de behaaglijke warmte.

Witje bleef echter bibberend in het deurgat staan. 'Hup Witje, kom nu. Waarom kruip je niet lekker bij ons?' Witje keek eerst wat angstig naar de koeien en riep toen een beetje boos naar zijn broers. 'Jullie weten toch dat ik van koeien tranende ogen krijg en me er niet lekker bij voel.'

'Och ja, dat is waar', zei Langoor. 'Sorry Witje, dat waren we even vergeten. Maar kom nu alsjeblieft binnen, Witje. Dadelijk ben je door en door koud. We vinden wel een oplossing voor je 'koeprobleem'. Aarzelend huppelde het kleine konijntje de stal in en ging afwachtend naast zijn konijnenbroertjes zitten. Met een klein stemmetje vroeg Witje: 'Gaat het ooit wel stoppen met regenen zodat ik hier weg kan van die koeien?'

'Witje, Witje toch, heb nu toch even geduld. Denk eens even terug aan de woorden van onze wijze tovenaar. Weet je nog wat hij zei over al jouw kleine buikwitjes, die elk voor iets zorgen? Zo heeft jouw eigen Stofwitje ervoor gezorgd dat je nu goed stof kunt verdragen. Maar, kleine stofwolkkampioen, voegde Langoor er plagend aan toe, 'je hebt vast en zeker ook een buikwitje dat ervoor wil zorgen dat jij vanaf nu ook goed koeien kunt verdragen. We zullen dat kleine witje in jouw buikje Koewitje noemen. Vind je dat goed, Witje?' Witje knikte en keek hoopvol naar zijn grote broer. Langoor ging verder: 'Als jij nu duidelijk zegt tegen Koewitje dat je weet dat hij goed voor jou wil zorgen, maar dat je last hebt van je tranende ogen en van dat slechte gevoel, dan gaat hij jou daar zeker van af helpen. Vraag het hem maar, Witje! Zeg hem dat het bij Stofwitje ook gelukt is en dat je weet dat het bij Koewitje ook zal lukken. Al die buikwitjes zijn trouwens familie van elkaar daar in jouw buikje. Het zijn allemaal slimme buikwitjes die elk probleempje van jou in een wip kunnen oplossen, als jij het ze maar vriendelijk en duidelijk vraagt, Witje! Je kunt ook aan Stofwitje vragen om Koewitje te helpen. Dan heb je binnenkort twee kampioenen in jouw buik!

Het was muisstil geworden in de stal, zelfs het regenen buiten was gestopt.

Iedereen keek vol verwachting naar Witje, die rustig de tijd nam om alles aan zijn buikjesfamilie uit te leggen.

Enkele minuten later opende Witje opgelucht zijn oogjes:

'Het is in orde Langoor. Ik geloof dat Stofwitje en Koewitje het begrepen hebben. Ze gaan ervoor zorgen dat alles in orde komt met mij.' Witje zuchtte eens diep: 'Wat is het toch fijn om zulke goede vrienden te hebben in mijn eigen buik.'

Zesde verhaal: Elsie en Woefie

Het beloofde een heerlijke warme dag te worden. De zon spreidde bemoedigend haar eerste ochtendstralen uit op de konijnenheuvel waar Witje met zijn familie woonde. Er was nog zo goed als geen beweging in het konijnenhol. Enkel kleine Witje was al wakker. Witje hupte heel zachtjes zijn nestje uit, zodat zijn broertjes en zusjes ongestoord verder konden slapen. Buiten gekomen nam hij een dikke, sappige wortel uit het veld.

'Hmm, verrukkelijk', vond Witje, terwijl hij zijn konijnenlijfje langzaam liet opwarmen door de stralen van het vroege morgenzonnetje.

'Tjonge jonge, wat slapen ze hier toch lang vandaag', vond Witje.

Even later hoorde Witje een zacht geritsel van achter de struiken. Witje keek verrast op: 'Wie kon dat nu zijn?' Twee sprongen later stond konijntje Pelsie voor haar vriendje Witje.

'He, Pelsie, wat leuk dat je mij zo vroeg in de morgen al komt bezoeken!'

'Dag, Witje', zei Pelsie verlegen, 'ik wou graag met je spelen. Daarom ben ik hier.'

'O, wat leuk, Pelsie. Hier slapen ze nog allemaal. Ik heb juist een heerlijk wortelontbijt genomen. Zal ik er voor jou ook één uitgraven?'

'Nee, Witje, ik heb nu geen honger. Laten we er vandaag eens op uit trekken. Ik heb een leuk idee ...' Witje keek zijn vriendinnetje vol verwachting aan. 'Kom op, Pelsie, vertel op! Wat ben je van plan?'

'Witje, moet je horen. Bij de boerderij van boer Kees hebben ze sinds vorige week nieuwe konijntjes. Mijn grote broer Vlekkie vertelde mij gisteren dat hij gehoord had dat die konijntjes heel verdrietig zijn in hun kooitjes. Zouden wij die konijntjes niet kunnen helpen, Witje?'

Witje snapte meteen wat Pelsie bedoelde: 'Je hebt groot gelijk, Pelsie, dat kunnen we zo niet laten. Kom, we gaan die konijntjes helpen ontsnappen.' De twee vriendjes wachtten niet langer en huppelden richting dorp. Witje zuchtte: 'Jammer. Omdat iedereen nog sliep heb ik mama niet kunnen vertellen dat ik weg ben. Hopelijk maakt ze zich geen zorgen. Maar die arme konijntjes gaan nu voor. Ik leg het haar straks wel uit.' Witje en Pelsie moesten een heel eind lopen voor ze bij de boerderij kwamen. Eindelijk stonden ze voor de grote, groene poort van de hoeve. Ze was op slot. Daarachter hoorden ze een luid blaffende hond. Pelsie deinsde verschrikt achteruit.

'Ik denk dat het beter is dat we langs de achterkant van het gebouw gaan. Daar zal wel geen poort zijn.'

'En hopelijk ook geen honden', antwoordde Pelsie angstig. Witje keek Pelsie vragend aan: 'Ik wist niet dat jij zo bang was van honden.'

'Och, Witje, ik ben niet zozeer bang van honden, ik vind ze zelfs lief, maar het probleem is dat als ze dicht bij mij komen, ik tranende ogen en een vervelend gevoel krijg.'

Witje keek verrast op: 'Pelsie, waarom heb je mij dat niet eerder verteld? Wist je dan niet dat ik hetzelfde probleem had met stof en met koeien en dat ik daar nu vanaf ben?'

Pelsie haalde haar schoudertjes op en keek haar vriendje aarzelend aan: 'Zou jij mij willen helpen, Witje?'

'Natuurlijk, jij bent mijn allerliefste vriendinnetje, zeker wil ik jou helpen. Kom, Pelsie, daar tussen de struiken is een leuk plekje. Dan zijn we op ons gemak.' De twee konijntjes nestelden zich tussen de zacht ritselende blaadjes van het struikgewas. Witje keek zijn vriendinnetje ernstig aan en vervolgde: 'Luister goed, Pelsie, naar wat ik je nu ga vertellen, want het zal jou helpen in jouw hele verdere leven. Het gaat over al jouw kleine vriendjes die in jouw buikje zitten. Die vriendjes zijn heel bezorgd om jou en willen jou helpen met alles wat je doet. Zo is er een vriendje in je buik dat zorgt dat jij zo goed kunt horen. Een ander vriendje zorgt er dan weer voor dat jij zo goed kunt snuffelen met je snuitje. Als je wilt, kun je ze ook allemaal een naam geven. Dat vinden jouw vriendjes zeker leuk. Vind je Woefie een leuke naam voor jouw buikvriendje dat een probleempje met honden heeft?' Pelsie knikte.' Weet je, Pelsie, heel af en toe vergist zich één van je vriendjes. Dat is er nu gebeurd met jouw Woefie. Eigenlijk is zo'n vergissinkje helemaal niet erg, want nu je het weet kun je er iets aan verhelpen. Je zegt gewoon tegen Woefie dat je honden eigenlijk best lief vindt en dat je er graag mee zou willen kunnen spelen terwijl jij je toch lekker in je velletje blijft voelen. Woefie wil je gewoon helpen, maar hij weet niet dat hij jou zoveel last bezorgt met die tranende ogen en dat vervelende gevoel. Zeg hem dat nu gewoon en vraag hem iets anders te bedenken waarmee hij jou ook helpt en waar jij je goed bij voelt.' Witje stopte met praten en keek Pelsie bemoedigend aan: 'Doe het maar Pelsie, doe even je oogjes dicht en praat gewoon tegen je buikvriendjes. Woefie zal je zeker begrijpen, en ervoor zorgen dat binnen een week alles in orde komt.' Pelsie zuchtte diep en deed toen haar oogjes dicht. Haar kleine fijne konijnensnuitje wipte zachtjes op en neer. Witje zag dat Pelsie goed bezig was. Met een dankbaar gevoel dacht hij terug aan zijn eigen Stofwitje en zijn eigen Koewitje die hem zo fantastisch goed geholpen hadden. Hij wist zeker dat Pelsie ook goed geholpen zou kunnen worden door Woefie. Na enkele minuten was Pelsie eindelijk klaar.

'Het is gelukt Witje, Woefie heeft echt naar mij geluisterd. Ik heb hem alles kunnen uitleggen en hij gaat ervoor zorgen dat ik voortaan gewoon leuk met honden zal kunnen spelen terwijl ik me er helemaal goed en gezond bij voel.'

Witje knikte blij: 'Ik wist wel dat het je zou lukken Pelsie. Kom liefste vriendinnetje, we hebben nog werk te doen. We gaan onze konijnenvrienden helpen ontsnappen …'

Voor Joni

zeven jaar, chronische last van wormpjes

Verhaal gemaakt door Ann Delnoy, verteld door de ouders

Beschrijving van het probleem

Joni, een meisje van zeven jaar, heeft chronisch last van wormpjes, sinds een aantal jaren. Er wordt telkens een kuur gedaan met klassieke en alternatieve medicatie waardoor de klachten tijdelijk verdwijnen. Eerst kuren met Mebendazol; dat werkte aanvankelijk telkens voor ongeveer een maand, maar na een jaar werkte het helemaal niet meer en werd de plaag erger. Dan alternatief Oxyson; dat hielp meteen voor vier maanden, maar ook na dit middel kwam het terug en de arts raadde toen Madikuur aan; dat hielp telkens voor één à twee maanden. In dat stadium hoorden de ouders van de verhaaltjes.

Tips

Joni houdt zeer veel van dolfijnen, en speelt graag.

Resultaten

In maart 2002 werden de verhaaltjes verteld, echter vlak na het toedienen van Madikuur; we moesten dus minstens een maand wachten om te weten of de verhalen zouden werken. Het is nu zo'n zes maanden later en de wormen zijn nog steeds niet terug.
Bovendien traden enkele positieve nevenverschijnselen op.

Ton en Maria, de enthousiaste ouders, signaleerden dat Joni onmiddellijk na de verhaaltjes ook veel opgewekter werd, meer begon te dansen, ook vriendelijker en minder snel boos werd. Ze wil sindsdien ook laten zien hoe sterk ze is, en durft meer, met succes.
Tijdens de laatste check, in april 2003, werden er nog steeds geen wormpjes geconstateerd.

Telefoonnummer van de ouders:
0031 (0) 774663562

Eerste verhaal: Dolly's sprong

Eens op een keer, hier heel ver vandaan, in de onmetelijke grote, diepe Stille Oceaan werd er een dolfijntje geboren. Van haar ouders kreeg ze de prachtige naam 'Dolly'. Ze had de meest schitterende kraaloogjes die je ooit bij een dolfijn gezien hebt en haar mooie, grijze huid was gladder en zachter dan een babyhuidje. Alle dieren en vissen die het pasgeboren babydolfijntje kwamen bekijken waren het erover eens dat Dolly een heel bijzonder dolfijntje was.

Dolly groeide op in het grote, zoute water, tussen duizenden gekleurde vissen, liefdevol omringd door haar mama en papa en haar vele vriendjes.

Toch was Dolly niet helemaal gelukkig de laatste tijd. Ze kon uren liggen staren naar haar iets grotere vrienden, die stoeiden en sprongen in het heldere water. Haar vrienden porden haar aan en riepen vrolijk: 'Kom Dolly, doe toch mee met ons!' Maar Dolly bleef treurend in de zee dobberen en het leek of niemand haar kon troosten. Op een dag kwam de grote zeekoning te weten dat het met Dolly niet zo goed ging. Hij stuurde dadelijk één van zijn visonderdanen en liet Dolly bij zich komen. Dolly zwom wat onzeker tot bij de grote koningstroon en richtte dan verlegen haar zwarte kraaloogjes naar de felgekleurde, schitterende zeekoning: 'Wel, wel, wel mijn liefste Dolly, wat is er met jou aan de hand, of laat ik liever zeggen, wat is er met jou aan de vin de laatste weken? Ik heb van verschillende vissen gehoord dat jij zo droevig kunt liggen kijken naar je vrienden terwijl zij zo vrolijk met elkaar spelen. Dolly, alsjeblieft, zeg mij wat er scheelt. Hoe kan ik jou helpen?'

Dolly schudde heftig neen met haar dolfijnenkopje: 'Niemand kan mij helpen, ik leer het toch nooit', snikte ze.

'Wat precies zou jij dan wel willen leren Dolly?' vroeg de zeekoning bezorgd.

'Ik zou willen kunnen springen in en uit het water, hoog boven de golven van de zee, zoals alleen dolfijnen dat zo goed kunnen.

Maar ik kan niet springen, ik kan het gewoon niet', voegde Dolly er bedroefd aan toe.

'Hoe kun jij nou zo zeker weten dat je niet kunt springen als je bijna nooit meer speelt boven aan het wateroppervlak, waar je het juist kunt leren?'

Dolly zuchtte: 'Een maand geleden heb ik het nog eens geprobeerd, maar het lukte niet en nu weet ik dat ik nooit zal kunnen springen.'

De wijze koning glimlachte: 'Dolly toch, heb je jezelf al eens goed bekeken? Je bent de laatste maand weer een flink stuk gegroeid, je spieren en vinnen zijn ook weer een heel stuk sterker geworden. Ik ben er zeker van dat het jou nu wel lukt om te springen, gewoon omdat je weer wat groter bent geworden.'

Dolly keek twijfelend haar grote zeekoning aan: 'Is dat echt zo?'

'Ja natuurlijk, Dolly. Maar je kunt het best naar boven, naar het wateroppervlak gaan en het gewoon doen. Niet één keer, maar wel twintig keer na elkaar. Zwem nu maar daarheen, Dolly. Ik kom je zo dadelijk achterna om te kijken hoe hoog jij wel kunt springen.' Dolly was al verdwenen voor de zeekoning zijn laatste woorden uitgesproken had. Wat was ze benieuwd of de koning gelijk had. Boven aan het water gekomen begon ze dadelijk krachtig te zwemmen, zodat ze genoeg snelheid had om te springen. Dolly's vriendjes waren nieuwsgierig rond haar samengekomen. Wat gebeurde er nu? Dolly die mee kwam spelen en zichzelf voorbereidde om te gaan springen? Dat wou niemand missen, allen keken ze met ingehouden adem of Dolly's eerste sprong ging lukken. Dolly liet zich door niemand storen en maakte zich helemaal klaar voor haar sprong. Ze voelde hoe haar lichaam sterker was geworden en met een uiterste krachtsinspanning spande ze haar spieren en maakte ze een prachtige sprong boven de bruisende golven.

'Hoera, hoera voor Dolly!' klonk het van alle kanten. Aangemoedigd door de blijdschap van haar vrienden riep Dolly: 'Hebben jullie het gezien? Ik kan springen, want ik ben groter en sterker geworden.' Terwijl ze het riep maakte ze zich klaar voor een volgende sprong en weer spatte het zeewater hoog de lucht in, mee met Dolly's sterker geworden lichaam. De oude zeekoning was juist aangekomen en zag nog net de mooie sprong. Tevreden keek hij voor zich uit en dacht bij zichzelf: mijn oude hart maakt samen met jouw sprong in het water een sprong van vreugde.

Tweede verhaal: Dolly leert een versje

Het water van de oceaan was strak en rimpelloos, nergens was er een golfje te bespeuren. De zon scheen onvermoeibaar op het azuurblauwe water, dat een wolkeloze hemel weerspiegelde. Even leek het of alles en iedereen sliep. Plots doken een paar roofvogels in steile vlucht naar het uitgestrekte water onder hen. Hun scherpe blik had een kleine school vissen ontdekt. Geruisloos en doelgericht grepen de vogels hun prooi, waarna ze sierlijk weer wegvlogen. 'Oh, wat erg voor die arme visjes', treurde Dolly die het hele schouwspel gezien had vanaf een veilige plek een paar meter onder het zeeoppervlak.

'Dolly, pas op, nu kom ik jou opeten!' riep Zoë naar haar dolfijnenvriendinnetje en met wijd opengesperde muil zwom Zoë naar haar toe. Dolly slaakte een gil en schoot daarna vliegensvlug de golven in: 'Je kunt me toch niet pakken, ik spring veel hoger en sneller dan jij.' 'Dat dacht je maar', schreeuwde Zoë, 'ik pak je toch en dan zul je wat beleven.'

Dolly schaterlachte. Wat vond ze het heerlijk om zo te ravotten met haar vriendinnetje in het water. De twee dolfijntjes sprongen en zwommen in de zee, die ondertussen omgetoverd was tot een schuimige golvenmassa. Donkere wolken hadden zich verzameld boven het water en de zon was plots verdwenen.

De wind woei onverbiddelijk hard tegen de spelende dolfijnenlijfjes, die het heerlijk vonden om te stoeien in het plots wild geworden water.

'We blijven hier tot deze avond laat', riep Dolly overmoedig naar Zoë. Zoë knikte enthousiast. Een onverwacht hevige donderslag, gevolgd door een verblindende lichtflits deed de twee vriendinnetjes hevig opschrikken en snel keerden ze terug naar het veilige diepe water.

‘Ah, daar zijn jullie eindelijk’, zei Dolly’s mama opgelucht. ‘Ik dacht al dat een haai jullie opgegeten had’, voegde ze er lachend aan toe.

‘Ik ben er gelukkig net aan ontsnapt’, zei Dolly met pretlichtjes in haar ogen en met haar sterke grijs glimmende staart gaf ze Zoë een flinke stoot. Zoë proestte het uit: ‘Dolly ziet er gewoon zo lekker uit. Iedereen wil haar opeten.’

Mama glimlachte, wat vond ze het leuk dat haar dochter zich zo vermaakte en wat was Dolly mooi opgegroeid tot een prachtig, sterk zeedier dat veel plezier in het leven had. Als ze nu ook nog verlost zou zijn van die vervelende zeewormpjes in haar buik, zou haar geluk helemaal compleet zijn, dacht Dolly’s mama. Dit deed haar aan iets denken: ‘Dolly, ga jij nog even langs de zeeapotheek? Haal nog even een drankje tegen de zeewormpjes, want het vorige flesje is weer leeg.’ ‘Mam, toch nu niet weer een flesje. Die dingen helpen niet. Ik heb al honderd flesjes leeggedronken.’

Mama dacht na. ‘Je hebt gelijk, Dolly, er moet ergens een andere oplossing zijn. Wat vind je van het idee om samen met Zoë naar de zeekoning te gaan en daar eens te vragen wat je zou kunnen doen om de zeewormpjes in je buik voorgoed kwijt te geraken?'

Zoë, die nog nooit bij de zeekoning geweest was, zwom enthousiast op en neer. 'Ja, Dolly, dat is pas een goed idee. Ik ga graag met je mee. Kom, we zwemmen door de grote oceaanrots.' Mama knikte: 'Hier zijn enkele prachtige zeeparels om de koning te bedanken. Doe hem de groeten en ga nu maar vlug.' Dolly en Zoë zwommen snel weg met enkele krachtige staartslagen in de richting van de grote oceaanrots. Het heldere water omhelsde lieflijk de donkere rotsen en de twee dolfijnen roeiden zich met hun vinnen voorzichtig een weg tussen het hoge gesteente dat hen aan alle kanten omringde.

'Ben jij bang?' vroeg Zoë wat huiverig aan haar vriendinnetje. 'Een beetje', gaf Dolly aarzelend toe. 'Kom, laten we wat sneller doorzwemmen. Dan komen we vlug aan het koraalrif en daarna is het niet meer ver tot bij de zeekoning.' Prachtige grote en kleine visjes in wel duizend verschillende kleuren flitsten hen voorbij. Dolly en Zoë lieten zich echter door niets meer afleiden. Ze wilden nu zo snel mogelijk bij de koning zijn. Enkele zeeminuten later waren ze bij de grote oceaankoning.

Hij had net een koningsslaapje gedaan en hij rekte zijn kleurrijke lijf nog eens lekker uit: 'Vertel het nu maar. Ik ben weer wakker. Wat brengt jullie hier, mijn lieve dolfijntjes? Oh, Dolly, nu herken ik jou. Wat ben je gegroeid zeg! En hoe hoog kun je nu al springen?'

Zoë lachte en riep: 'Ze springt als de beste, maar nu heeft Dolly zeewormpjes in haar buikje en die wil ze kwijt.'

'Nou, jouw vriendinnetje is wel duidelijk, hè, Dolly? Is het waar, Dolly, had je liever geen wormpjes meer?' Dolly knikte: 'Ik heb er al zo lang last van en heb al van alles geprobeerd om ze weg te krijgen, maar ze kwamen steeds weer terug. Zou u mij kunnen helpen zodat ze voorgoed wegblijven?'

'Ik kan jou helpen door te zeggen wat je moet doen, maar al-

leen jij kunt het werkelijk doen. Jij hebt zonder dat je dat zelf wist toegelaten dat die kleine zeewormpjes in jouw lijfje kwamen. Nu je dat weet kun jij ook zelf beslissen om ze te doen verdwijnen. Diep in jouw buikje zit een vriendje van jou dat de wormpjes heeft toegelaten om jou iets te leren. Wat zou dat vriendje jou hebben willen leren, Dolly?' Dolly dacht na: 'Ik weet het niet. Ik vind wormpjes in mijn buik alleen maar vervelend.'

De wijze zeekoning vervolgde: 'Misschien wil dat wormenvriendje jou leren dat jij de baas bent over jouw lijfje en dat jij beslist wie er in dat lijfje wel of niet woont. Er wonen meerdere vriendjes in jouw buik. Die vriendjes in jouw buik hebben echt het beste met je voor, Dolly. Ze willen jou allemaal iets leren. Stel je voor dat er ook een vriendje in jouw buik zit die de wormpjes allemaal opeet. Hoe zou dat zijn?' Daar moest Dolly niet lang over nadenken: 'Dat zou heerlijk zijn: geen jeuk meer, geen buikpijn meer. Záaalig! Wilt u mij zo'n vriendje geven, koning?'

'Je hebt zo'n vriendje al in je buik, Dolly, alleen weet dat vriendje niet wat het precies mag doen. Je kunt het hem het beste heel duidelijk zeggen.'

'Hoe kan ik dat dan het beste doen, koning?'

'Jij beslist gewoon wat je vriendje moet doen. Vertel mij, hoe zou dat vriendje dat die wormpjes opeet er uitzien?' Dolly zei: 'Mijn vriendje is klein, maar toch heel sterk. Hij heeft heel veel honger en het liefst van al eet hij wormpjes.'

'Heel goed!' zei de koning. 'Zie je wel dat het lukt. Wij hebben allemaal zulke goede buikvriendjes, maar het is onze taak om hun hulp te vragen en hen duidelijk te zeggen wat we willen. Ik zal voor jou een versje maken dat je eenentwintig dagen lang één keer per dag opzegt. Daardoor gaat je buikvriendje heel goed weten wat ie moet doen. Aan je andere vriendje, dat de wormpjes heeft toegelaten, zeg je dat zijn taak helemaal voorbij is. Je bedankt hem en je zegt dat je nu weet dat jij de baas bent over je buikje en dat je een nieuw vriendje stuurt dat alle wormpjes voorgoed opeet.

Hier komt het versje:

wormpjes, wormpjes ga opzij
ik heb er nu een vriendje bij
hij is klein, maar o zo sterk
doet voor mij een reuze werk

hij zal jullie nu verslinden
wat jullie daar ook van vinden
hij kent absoluut geen vrees
want is gek op wormenvlees

ik beslis nu voor jullie helaas
het is zo, want ik ben de baas

Dolly keek met bewondering naar de koning.

'Hoe voel jij je nu?' vroeg de koning.

'Het is net of ik een stukje sterker ben geworden', zei Dolly. 'Zou dat door mijn nieuwe vriend zijn die nu goed weet wat hij moet doen?'

'Dat zou wel eens kunnen. Je ziet en voelt nu al, Dolly, dat het goed werkt. Jij beslist wat er gebeurt met je lijfje en jouw buikvriendjes zijn er steeds om jou daarbij te helpen. Onthoud dat goed! Dan komt alles in orde met jou.'

Dolly gaf de prachtige zeeparels om de koning te bedanken. 'Dank u, koning, ik ga eenentwintig dagen lang één keer per dag mijn versje opzeggen en daarna kom ik terug om u te vertellen hoe het gegaan is. 'Dat mag je zeker doen', zei de koning. 'Ik ben benieuwd, maar ik ben nu al overtuigd dat het je gaat lukken.'

'Joepie!' riep Dolly, 'Kom, Zoë!' en met een krachtige grote sprong nam ze afscheid van de koning.

Thuisgekomen vertelde Dolly het hele verhaal aan haar moeder. Wat was die blij dat het afgelopen was met al die drankjes. Elke avond zei Dolly hardop haar versje en met de dag voelde ze zich sterker en sterker worden. Ze voelde hoe haar nieuwe buikvriendje zijn taak heel nauwgezet deed. Na enkele weken waren de wormpjes volledig verdwenen en bleven ze voorgoed weg. Dolly was heel trots op zichzelf en ging na die eenentwintig dagen het goede nieuws aan de koning vertellen. Daarna was er feest in de grote stille oceaan.

Voor Lisa
faalangst

Verhaal door Ann Delnoy, verteld door de ouders

Beschrijving van het probleem

Lisa had een verregaand probleem met zelfvertrouwen. De faalangst die daar een gevolg van was hield haar tegen om leuke dingen te durven doen en bij het spelen met andere kinderen van haar leeftijd had zij de neiging om op de achtergrond te blijven. Op school was ze bang om fouten te maken, en die angst was soms de oorzaak dat ze inderdaad fouten maakte.
Als ze wel eens meespeelde met korfbal, dan liep ze soms middenin het spel het plein af, omdat ze geen bal toegespeeld kreeg en er niet om durfde vragen.

Tips

Lisa houdt evenals Joni erg veel van dolfijnen, en het probleem speelde zich heel dikwijls af tijdens spelen of sporten met andere kinderen. Ze werd ook veelvuldig geplaagd.

Resultaat

De moeder vertelde dat Lisa op de bijgevoegde tekeningen tussen een groep van zeven dolfijntjes meteen de dolfijn Spetter herkende omdat die zo droevig keek.
Al na de eerste dag voelde ze zich beter in haar vel, en de moeder vertelde dat ze tijdens een korfbalspel mee vooraan begon te lopen en riep om de bal te krijgen, die haar ook toegespeeld werd. Dat was een heel nieuw gedrag voor haar. Daardoor groeide haar zelfvertrouwen met de dag. Ze voelt zich nu helemaal opgenomen door de kinderen in haar buurt en school.

Nevenverschijnselen
Het eerste verhaal werd verteld in april 2002, begin juni het tweede, en eind juli hebben we nog contact gehad met de moeder die vertelde dat de testen op school met spelling en rekenen van D naar C waren gestegen. Het lijkt alsof alles gemakkelijker is voor Lisa, waardoor ze veel meer plezier heeft en meer durft te doen.
Het effect op de moeder is dat ze minder de neiging heeft om Lisa te beschermen. Ze durft nu Lisa meer haar gang te laten gaan.
De laatste check was in april 2003; aan de lijn een zeer enthousiaste moeder. Eerst was er het idee om Lisa het schooljaar van 2002 te laten overdoen. De vooruitgang van Lisa was echter dermate dat ze gewoon is overgegaan. De verhalen worden nu ook door de juffen op school gebruikt.

Telefoonnummer van de ouders:
Mieke 0031 (0) 77 4663587

Eerste verhaal: Spetter en zijn vriendjes

Er leefde eens heel lang geleden een lief klein dolfijntje in een onmetelijk grote zee. Het was de diepste en de blauwste zee van de hele wereld en het kleine dolfijntje dat Spetter heette voelde zich supertrots dat juist hij in die prachtige zee geboren was. Samen met zijn grotere broers en zussen en zijn mama en papa had Spetter het hartstikke naar zijn zin in hun onderzeehuisje tussen de hoge koraalriffen. Spetter was wel de kleinste dolfijn van het gezin, maar zeker niet de stilste. Hij had thuis altijd veel te vertellen en maakte graag plezier. De grotere dolfijnen plaagden hem wel eens, maar toch mochten ze Spetter allemaal heel graag. Diep in zijn hartje wist Spetter dat heel goed en daarom voelde hij zich ook zo lekker thuis.

Spetter deed ook graag leuke dingen met zijn vriendjes, maar soms voelde hij zich toch niet zo goed bij die vriendjes. Hij had een beetje het gevoel dat ze hem af en toe niet zo leuk vonden en daar werd Spetter heel verdrietig van. Toch vertelde hij niets van zijn verdriet aan zijn vriendjes. Dat was spijtig, want zo wisten ze het niet en konden ze hem ook niet helpen.

Op een dag was Spetter uitgenodigd op het verjaardagsfeestje van Sammy, één van Spetters dolfijnenvriendjes. Alle dolfijntjes die naar het feestje kwamen hadden een geschenkje bij zich voor Sammy. Spetter had een prachtige, roodgekleurde, opblaasbare bal meegebracht voor zijn vriendje. 'Oh, wat een mooie bal! Dank je wel, Spetter!' riep Sammy dolblij toen hij het pakje openmaakte. 'Kom, ik blaas hem even voor je op', zei papa behulpzaam, 'dan kunnen jullie er dadelijk mee spelen.' 'Joepie, joepie!' riepen alle dolfijntjes in koor. 'Laten we een grote cirkel maken. Dan kunnen we de bal naar elkaar wippen!' riep Sammy. Zeven grijze, glimmende dolfijnenkopjes staken net boven het wateroppervlak uit en evenveel enthousiaste dolfijnenstemmetjes riepen om het hardst. Het was een schitterend schouwspel om de grote, rode bal van het ene snuitje naar het andere te zien wippen. Wat leken ze allen in hun nopjes, die dolfijnenvriendjes. Hun plezier kon niet op. Toch was er plots iets mis met één van hen. Het was kleine Spetter die plots onder water dook en snel een eindje verder zwom. 'Hé, wat naar, waarom zwemt Spetter nu weg?' vroeg Sammy zich af. 'Heeft hij zich misschien bezeerd aan zijn snuit?' vroeg een ander vriendje zich af. 'Vindt hij het gewoon geen leuk spel?' vroeg nog een ander vriendje … Niemand wist het antwoord.

'Laten we het hem gewoon eens vragen', stelde de wijze papa van Sammy voor.

'Spelen jullie maar verder. Ik ga even met Spetter praten.' De grote, donkere dolfijnenpapa dook het zoute water in en verdween in de diepe zee. 'Spetter, Spetter, waar ben je? Ik wil met je praten.' De grote dolfijn zwom tussen hoge rotsen en keek oplettend in het rond om Spetter te vinden. Plots ving hij een glimp op van een klein dolfijntje dat zich achter een rots verschool. 'Kom te voorschijn, Spetter, ik weet dat jij het bent daar achter die rots.' Boos kwam de kleine dolfijn achter zijn schuilplaats vandaan gezwommen. 'Waarom kom je mij achterna? Laat me toch met rust! Ik wil alleen zijn.'

'Hé, Spetter, ik wil jou alleen maar helpen. Kom nou, dan

kunnen we even praten. Misschien wil je mij wel iets vertellen over het verjaardagsfeestje. Wat vond je van het feest?' Spetter stak zijn dolfijnensnuitje de hoogte in. 'Pff, wat een stom feest! Daar wil ik niet eens over praten.'

'En wat is dat dan waar je niet eens over wilt praten, Spetter?' Spetter schrok op van die vraag en voelde zijn verdriet weer naar boven komen. De tranen sprongen in zijn ogen en schokkend van het huilen stotterde hij met een samengeknepen stemmetje: 'Niemand van mijn vrienden vindt me leuk.' 'Wat precies doet jou denken dat jou vrienden jou niet leuk vinden?' Terwijl Spetters vinnen slapjes tegen zijn lijfje hingen, zei hij met een droevig stemmetje: 'Al mijn vrienden krijgen zo vaak de bal toegeworpen en ik heb hem zelf nog maar drie keer gekregen. Dat is vast zo omdat ze mij niet leuk vinden!'

'Wat doet jou denken dat die andere dolfijntjes veel vaker de bal gekregen hebben? Heb jij dan precies geteld hoeveel keer jouw vriendjes aan de beurt kwamen?' Spetter richtte zijn kopje langzaam wat meer omhoog en dacht terug aan het feest. 'Ik heb de beurten van de anderen niet geteld, maar het leek me dat ik zo lang moest wachten.'

'Lieve Spetter', zei de papa van Sammy. 'Toevallig heb ik heel jullie spel gevolgd en ik vond net dat jullie zo mooi samenspeelden en dat iedereen ongeveer evenveel aan de beurt kwam. Weet je, in zo'n balspel is het leuk als je aan de beurt komt, maar je maakt het voor jezelf nog leuker als je ook geniet van het spel terwijl de bal bij de anderen is. Het zou ook goed zijn om tegen je vriendjes te zeggen dat jij je buitengesloten voelt. Dan gaan ze er zeker voor zorgen dat je minstens even vaak als zij aan de beurt komt. Kom, Spetter, wat vind je ervan om terug naar het feest te gaan? Ik ben er zeker van dat jouw vriendjes blij zullen zijn als ze jou terugzien.' Spetter knikte wat aarzelend. 'Oké, ik doe het. Je hebt waarschijnlijk wel gelijk.'

Vlug zwommen ze samen naar het wateroppervlak waar het feest nog volop bezig was. 'Hé, joepie, Spetter is terug!' riep Sammy. 'Nu onze vriend Spetter terug is, kunnen we samen eindelijk overheerlijke, verrukkelijke, zachte, zoute zeeslakjes eten!' riep een ander vriendje. 'We hebben speciaal op jou gewacht, want samen met jou zal het zeker nog veel lekkerder smaken.'

De papa van Sammy knipoogde naar Spetter en Spetter had het begrepen: 'Mijn vrienden vinden mij leuk.'

Spetter slaakte een diepe zucht en glimlachte gelukzalig terwijl hij dacht: ik ben de moeite waard.

Tweede verhaal: Spetters feest

Vandaag beloofde een warme dag te worden. Het was acht uur 's morgens en Spetter lag nog even te genieten van zijn zalig waterbedje in het zoute, lauwe water.

Zo dadelijk zou mama hem komen wekken. Spetter dacht aan de leuke dingen die hij vandaag op school ging doen. Over een paar dagen was het schoolfeest en vandaag gingen ze nog goed oefenen voor het toneeltje en de grote dolfijnenshow.

Mama verstoorde Spetters leuke ochtenddromen met een al even leuke verrassing: 'Spetter, Spetter, opstaan! Kom eens kijken. Ik heb heerlijke verse sardientjes voor jou.' Spetter sprong op uit zijn bed en zwom naar mama die hem met het verrukkelijke ontbijt verwende. 'Oh, mama, wat ben ik toch een geluksdier. Eerst dit lekkere ontbijt en straks op school mag ik nog mee oefenen voor de grote dolfijnenshow van zondag.'

'Denk jij dat het mij zal lukken om zondag alles goed te doen op het schoolfeest?' voegde Spetter er toch wat aarzelend aan toe. 'Natuurlijk schat, jij kunt het zeker, anders hadden ze jou niet uitgekozen om mee te doen met die show. Vroeger zouden ze jou waarschijnlijk niet verkozen hebben, maar nu je weer groter, flinker en sterker bent geworden wil iedereen natuurlijk dat jij meedoet aan die prachtige dolfijnenshow.' Spetter voelde zijn sterke spieren opspannen onder zijn gladde huid. Wat was hij blij met zichzelf. 'Kom jongen, het is tijd om naar school te gaan.'

Spetter nam nog vlug zijn lunchpakket mee en vertrok naar school.

Op school was het al behoorlijk druk. Alle dolfijnenkinderen waren bezig met de voorbereidingen van het feest.

Spetter ging dadelijk naar de zeezaal waar de grote dolfijnenshow ging plaatsvinden. De juf vroeg wie de eerste feestsprong nog eens wou voordoen. Alle dolfijnenstaarten gingen de hoogte in. Allemaal wilden ze graag laten zien hoe goed ze het wel konden. Spetter voelde zich plotseling benauwd worden. Hij had de sprong al wel honderd keer gemaakt, maar nu op dit moment wist hij niet meer hoe hij die sprong moest doen. Hij voelde zich echt ellendig, zijn hartje bonsde in zijn keel. Schuw keek hij opzij. Zouden zijn vriendjes horen hoe hard zijn hartje wel klopte? Om niet onder te doen voor de anderen stak hij ook maar zijn staart omhoog; nu hoopte hij maar dat de juf hem niet zou uitkiezen. Tevergeefs, uit al die vijftien omhooggestoken dolfijnenstaarten koos ze hem uit. 'Ja, Spetter, kom jij maar voordoen. Jij kon die sprong mooi maken. Het is goed dat iedereen nog eens naar jou kijkt als voorbeeld.' Spetter wist niet waar hij het had. Wat moest hij nu doen? Plots nam hij een heel moedig besluit: 'Ik zeg gewoon dat ik het niet meer weet, daar is niks mis mee. Ik ben hier om te leren.' Op de moment dat hij dit aan zijn juf wou vertellen vloeide al de spanning uit zijn lijf en voelde hij een sterke kracht opkomen diep binnen in hem. Deze kracht beloonde hem voor zijn eerlijkheid. Het was net of die kracht wou zeggen: al wat je doet het is goed, doe het vooral voor jezelf en trek je niets aan wat de anderen over je zeggen.

'Hé, Spetter, wat zit je te dromen, we wachten op jouw perfecte sprong.' Spetter glimlachte … hij had nog niet gesprongen maar voelde zich nu al een winnaar. Hij had de bron van zijn eigen kracht ontdekt diep in zichzelf, dit kon niemand hem afpakken.

Vol nieuwe moed en overtuigd dat het ging lukken sprong Spetter de mooiste sprong die hij ooit gemaakt had.

'Hoera voor Spetter, hoera voor Spetter', riepen al zijn vriendjes.

Spetter was blij. Toch had dat weinig met de sprong te maken. Hij was gewoon zichzelf gebleven en wat de anderen van hem dachten kon hem nog weinig schelen. Hij was trots op zichzelf! Voor Spetter was het vandaag al feest!!!

Voor Jonas
drieënhalf jaar, rode jeukende blaasjes

Geschreven door Ann Delnoy, verteld door de ouders

Beschrijving van het probleem

Jonas had sinds lange tijd last van rode plekjes, een soort blaasjes die leken op muggenbeten. Door te krabben met vuile vingertjes gingen die blaasjes open en infecteerden: Cortizonezalf verzachtte de ellende tijdelijk, maar bracht geen blijvende oplossing. De behandelende dokter vermoedde dat het door slechte galwerking kwam, waardoor onverwerkte afvalstoffen via de huid werden afgevoerd. Druppels hielpen in aanvang goed, daarna werd het weer erger met de blaasjes.
Jonas had erge jeuk en zat letterlijk en figuurlijk niet zo goed in zijn vel.

Tips

Jonas heeft sinds Pasen 2001 een paashaas-knuffel die hij elke dag meeneemt naar school. Deze paashaas gaat ook mee naar bed. Jonas heeft net zijn fopspeen (boeboe) moeten achterlaten omdat zijn tandjes schuin naar voren groeiden. Op het moment dat het verhaal wordt verteld heeft Jonas het daar nog moeilijk mee. Jonas kijkt erg op naar de politie maar is er ook bang voor (in het verhaal wordt dat de jager).

Resultaten

Het resultaat is door een bizarre samenloop van omstandigheden zeer goed geworden.
In het verhaaltje staat dat de paashaas op reis vertrekt, en dat er iets heel bijzonders gaat gebeuren. De dag na het voorlezen zouden ze op vakantie gaan en omdat Jonas daar mogelijk veel zou gaan zwemmen besloten de ouders nog even naar een oudere, ervaren dermatoloog te

gaan. Zijn diagnose is dat die rode plekjes vlooienbeten zijn, waar Jonas allergisch op reageert, waardoor het blaasjes worden. De vlooien komen waarschijnlijk van de hond. Voor het vertrek wordt het huis gedesinfecteerd, en de hond tegen vlooien behandeld.
Ze zijn de dag daarna op vakantie gegaan, de hond was daar niet bij. Jonas herstelt zienderogen van zijn blaasjes. Na thuiskomst signaleert vader bij Jonas nog enkele vlooien. Jonas heeft er echter geen last meer van.
Sinsdien is het probleem radicaal opgelost, door op twee fronten te werken, bij de hond en bij Jonas.
Bij een laatste contact in april 2003 was alles nog in orde.

Het verhaal: Piloe de dappere paashaas

DEEL I

Er was eens een kleine, dappere paashaas. Iedereen noemde hem kleine Piloe met zijn boeboe. Eigenlijk heette de paashaas gewoon Piloe, maar omdat paashaas nog klein was en omdat hij steeds zijn knuffelpelsdoekje, zijn boeboe, bij zich had, zei iedereen tegen hem 'kleine Piloe met zijn boeboe'.

Kleine Piloe was een heel moedig paashaasje. Hij durfde helemaal alleen een groot knollenveld over te lopen. En wanneer het heel hard begon te regenen ging hij in zijn eentje buiten de luikjes van het hazenhol sluiten. Op zo'n moment was kleine Piloe heel blij met zichzelf. Ook mama en papa haas waren dan heel trots op hem.

Toch voelde kleine Piloe zich niet altijd zo goed. In het hol waar hij woonde maakten zijn hazenneefjes wel eens erge ruzie. Kleine Piloe vond het akelig, wanneer zijn grote hazenneefjes hard riepen tegen elkaar. Kleine Piloe voelde zich dan klein en bang. Ook voor de jagers in het bos was hij bang. Wanneer hij ze hoorde, nam kleine Piloe snel zijn boeboe, maakte zich zo klein mogelijk en ging in het achterste hoekje van het hol zitten.

Op een dag zat kleine Piloe met zijn boeboe weer achteraan in het hol.

'Kom, kleine Piloe', riep mama, 'ik heb een leuke verrassing voor jou.' Kleine Piloe kwam uit zijn holletje gehuppeld: 'Wat dan mama? Wat is de verrassing?' vroeg kleine Piloe nieuwsgierig. Mama haas keek haar kleinste haasje vertederd aan en zei zacht, terwijl ze over zijn kopje aaide: 'Lieve, kleine Piloe, we gaan samen met ons gezin een verre avonturentocht maken.' 'Joepie, joepie! En mag ik ook mee?' riep Piloe opgewonden. 'Ja, natuurlijk, jij hoort toch bij ons gezin', zei mama geruststellend. 'We gaan heel ver op reis allemaal toffe dingen doen waar je groot en sterk van zult worden.' Piloe knikte en keek zijn mama vol verwachting aan. En wat nog, mama? Vertel mij nog meer over onze tocht.' Mama lachte: 'Ach, jij, ongeduldig haasje. Over een paar dagen zijn we weg. Bereid je maar voor op de leukste reis van je leven.' Terwijl Piloe zat te springen van blijdschap op zijn achterste poten, krabde hij zich met zijn voorste pootjes achter zijn oren.

Mama keek haar zoontje onderzoekend aan. 'Och, lieve schat, ik zie dat je er weer plekjes bijgekregen hebt hier achter je oren en op je snoet. Kom, doe je kleertjes even uit. Dan kan ik zien hoe het verder met je gesteld is.' Piloe deed zijn broekje naar beneden en zijn truitje naar boven. Mama kon haar ogen niet geloven. Zoveel kleine plekjes had kleine Piloe nog nooit gehad.

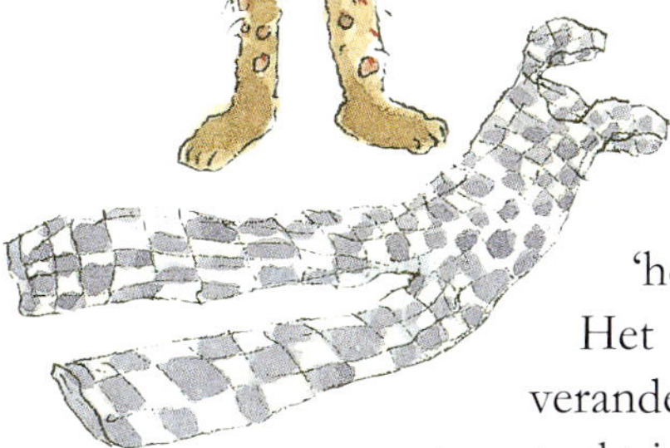

'Oh, mama, eigenlijk weet ik niet waar ik het eerst moet krabben. Zoveel jeuk heb ik!' zei kleine Piloe verdrietig. 'Ja', zuchtte mama, 'het ziet er niet zo goed uit. Het wordt tijd dat hier iets aan verandert. Misschien zal onze avonturentocht je wel helpen om zelf je plekjes te doen verdwijnen', voegde mama er geheimzinnig aan toe.

Kleine Piloe pakte zijn boeboe en wreef deze zachtjes tegen zijn kopje. Hij dacht diep na: 'Waarom heb ik die plekjes toch?' Een stemmetje in zijn buikje antwoordde: 'Je bent bang, kleine Piloe. Je voelt je klein en zwak. Maar … heel binnenkort ga je op reis: tijdens deze tocht zul je ontdekken hoe sterk en flink je wel bent.' Piloe knipperde met zijn oogjes. 'Mama, ik ga mijn koffertje voor de reis al klaarmaken. Zou ik dat zelf kunnen?' Mama knikte glimlachend. 'Maak je koffertje maar klaar, flinke jongen. Ik weet zeker dat je dat kunt. Trouwens, jij kunt toch alles zelf, mijn sterk paashazenkind!'

Deel 2

Eindelijk was het zover. Kleine Piloe en zijn familie vertrokken op avonturentocht. Piloe was erg opgewonden en liep een heel eind voor de anderen door het grote bos. Zijn rugzakje was zwaar geladen met een voorraadje wortels, een touw, een zakmes, een zaklamp, een schopje en nog veel meer.

Zijn boeboe had Piloe thuisgelaten. Vastberaden had hij tegen zijn papa gezegd:

'Papa, graaf een put in ons bos, een hele diepe put. Stop daar mijn boeboe in en doe dan de put weer dicht. Ik heb boeboe niet meer nodig. Boeboe was voor kleine Piloe. Nu ben ik gewoon … Piloe. Ik ben groot geworden. Ik ga op

reis. Het was dus zover.

Piloe was samen met zijn familie begonnen aan de grote tocht. De hele familie haas moest vreselijk ver stappen. Piloe liep de hele tijd dapper voorop. Zijn mama en papa konden hun ogen niet geloven. Wat was hun zoon flink en sterk geworden. Piloe voelde hoe zijn hazenpoten door het vele lopen gespierder werden. Hazentrots liet hij ze aan zijn broers zien. 'Je bent een sterke haas geworden, Piloe, wij zijn trots dat je onze broer bent.'

Plots klonk er in de verte een geweerschot van de jagers. Piloe schrok en wou weglopen, maar hij bedacht zich: 'Vanaf nu loop ik voor niks nog weg!' Piloe hoorde de jagers dichterbij komen. Zijn kleine hartje bonsde sneller en sneller, maar toch bleef hij waar hij was. Heel oplettend keek hij om zich heen, zijn oortjes gespitst. Ineens stond er een grote jager met een lang geweer voor hem. Mama en papa doken weg achter de struiken. Piloe verroerde zich niet. Hij keek de jager diep in zijn ogen en zei: 'Ik ben de mooiste haas die je ooit zult tegenkomen! Laat mij leven!'

De jager wist niet wat hij moest zeggen. Hij voelde alleen dat dit geen gewoon paashaasje was. Dit was een heel bijzondere haas met een grote kracht. Vol bewondering zei de jager tegen Piloe: 'Je bent mooi. Je straalt de kracht uit die binnenin je zit.

Ik laat je leven. Ga nu maar.'

Piloes ouders hadden alles gehoord en gezien. Wat waren ze trots op hun zoon. Dit hadden ze niet verwacht. Toen de jager weg was spoedden mama en papa haas zich naar hun kind. Mama legde haar poten op Piloes schouder: 'Zoon, ik wist dat er deze reis iets met jou zou gebeuren. Ik ben trots op jou. Je hebt laten zien, dat je veel kracht in je hebt. Nu zullen je plekjes ook snel verdwijnen.' Piloe knikte naar zijn mama met glinsterende oogjes. 'Ik weet het, mama, al mijn plekjes zullen nu heel vlug genezen. Mijn vachtje zal zo zacht worden als het malste gras dat er bestaat. Door deze tocht ben ik *groter*, *sterker* en *slimmer* geworden. Ik weet dat ik nergens bang voor hoef te zijn.

Dank je, mama en papa, dat jullie me hebben meegenomen op deze mooie reis.'

'Kom hier', zei papa en hij nam Piloe vast om hem een hele dikke hazenknuffel te geven. Mama kwam ook dichterbij en fluisterde in Piloes oor: 'Je bent een fantastische zoon, Piloe.'

Voor Vicky
acht jaar, bedplassen

Geschreven door Ann Delnoy, verteld door de ouders

Beschrijving van het probleem

Vicky is een meisje van acht en heeft last van bedplassen.

Tips

Ze heeft een barbiepop, houdt van K3, een Belgische popgroep van drie meisjes, en van haar knuffelbeer Lars. Ze deed heel veel activiteiten: sport, dansen, turnen, muziekles en nog veel meer, misschien wel een overbelasting. Ze moest ook moeite doen om bij te blijven op school.

Resultaten

Tot hiertoe heeft het vertellen van de verhalen het bedplassen niet doen ophouden.

Nevenverschijnselen
Er is wel een gunstige ontwikkeling. Ze is meer opengebloeid, is blijer en durft meer zichzelf te zijn, wat zich uit in het feit dat ze veel meer praat, en zich niet meer *inhoudt* om dingen te zeggen.
Deze laatste constatering van de moeder deed me denken aan het feit dat ze zich vroeger blijkbaar overdag *te veel inhield* en mogelijk dat het onderbewustzijn dat compenseerde door zich 's *nachts niet in te houden,* door de plas vrij te laten lopen. De moeder gaat daar nu zelf een verhaaltje over schrijven; ik ben benieuwd.
Opmerking: een ander kind van zes jaar, een vriendje van mijn jongste zoon Floris, ook zes jaar, had eenzelfde probleem en de moeder had net een alarmsysteem met een voeler gekocht dat afgaat als de voeler

vocht ontdekt. De bedoeling hiervan is dat het kind door het geluid wakker wordt en nog net zijn plas kan inhouden. De moeder legt het systeem uit aan haar zoon en laat ter demonstratie het alarm afgaan. De kleine schrikt zo van het alarm, dat hij zijn moeder smeekt om dat toch zeker niet te doen. Moeder aarzelt en wacht nog even af. De zoon gaat slapen en wordt 's morgens droog wakker, en heeft sindsdien niet meer in zijn bed geplast, gewoon uit angst dat alarm nog eens te moeten horen!

Koen, een volwassen man, vertelde me dat hij als kind ook zo'n alarmsysteem ingeschakeld kreeg. Het is één keer 's nachts afgegaan, en hij schrok zodanig dat hij sindsdien ook niet meer in bed geplast heeft.

To 'plas' or not to 'plas' is the question

Bovenstaande twee casussen zijn een manifestatie van een belangrijk principe: als het onbewuste nadeel van een symptoom groter wordt dan het onbewuste voordeel dan kiest het onderbewustzijn ervoor het symptoom te laten vallen.

In het geval van bedplassen is het onbewuste voordeel niet altijd te achterhalen, buiten de klassieker dat het ook een onbewuste manier is om aandacht te vragen; er zit waarschijnlijk nog veel meer achter. Er wordt dikwijls aangenomen dat het met de gezinssituatie en met verborgen angst voor autoriteit te maken heeft.

Alleszins kun je aan de beleving van die situatie door het kind iets doen. Bedplassen is maar één van de vele mogelijke reacties voor het onderbewustzijn van het kind om met die situatie om te gaan.

Wat belangrijk is om te onthouden is, dat het onderbewustzijn dus blijkbaar echt kan kiezen. De kwestie is: waar vinden we de sleutel voor elk afzonderlijk geval.

Eerste verhaal: Indra's droom

DEEL 1

Heel lang geleden en heel ver hier vandaan leefde er eens een klein prinsesje. Haar naam was Indra. Indra was een heel mooi meisje met lange blonde haren. Ze straalde als een zonnetje in het paleis waar ze woonde en iedereen zag haar graag. Indra droomde ervan om later danseres te worden. 's Morgens wanneer ze opstond trippelde ze als een vogeltje, met haar armen als vleugeltjes gespreid, de trappen af. Daarbij zong ze met haar hoge stemmetje een liedje dat ze zelf verzon. Iedereen die het prinsesje in de vroege ochtend hoorde zingen vond dat het prachtig klonk. Wat waren de koning en de koningin trots op hun dochtertje. Eens op een dag was het feest in het paleis. De lieftallige prinses was jarig en werd acht jaar. Heel de familie, al de buren en ook al de vrienden en vriendinnetjes van Indra werden uitgenodigd op het paleis. De koning en de koningin hadden om hun dochtertje te verrassen een groot tuinfeest georganiseerd waarbij er een meidengroep kwam optreden. Indra's papa, de koning, had een echt podium laten klaarzetten voor de lievelingszangeressen van zijn kleine meisje. Wat was ons prinsesje blij. De muziek deed haar hartje popelen van vreugde. Maar dit was nog niet alles. Alle genodigden hadden prachtige cadeautjes meegebracht voor Indra. Wat had ze veel werk om al die pakjes open te maken en wat was het prinsesje verrukt over al de mooie dingen die ze kreeg: een prachtige lamp voor haar slaapkamer, roze, zachte, zijden pantoffeltjes, een juwelenkoffertje, een heel dik, kleurrijk sprookjesboek, een grote knutseldoos en nog veel meer. Maar … het mooiste moest nog komen. Indra zat met haar hoofdje naar beneden, ijverig het laatst meegebrachte cadeautje open te maken, toen haar papa, de koning, voor haar kwam staan. Het meisje keek niet op, zo druk was ze bezig met haar pakje. Eindelijk was ze klaar en richtte ze haar hoofdje op. Indra zag haar papa staan en stralend lachte ze hem toe: 'Papa, ik ben zo blij vandaag.' De koning knikte en terwijl hij heel diep in de ogen van zijn dochtertje keek, pakte hij ook de handen van zijn dochtertje vast: 'Indra, je verdient het. Je bent zo'n lieve, flinke dochter. Jouw mama en ik zijn zo blij met jou, daarom hebben wij ook nog een geschenk voor jou ...'

Papa ging een stap opzij en nu zag ze het hele grote pak, dat achter zijn rug had gestaan. Indra staarde verbaasd naar het reusachtige geschenk: 'Is dat ook nog voor mij, papa?' stamelde ze. Mama was ook dichterbij gekomen en ze zei zachtjes tegen Indra: 'Doe maar open, lieveling, wat erin zit is helemaal voor jou.' Met nieuwe ijver begon Indra het grote cadeau open te maken. Haar rode wangetjes gloeiden van opwinding en inspanning.

Alle gasten waren nieuwsgierig rond het prinsesje komen staan. Bijna was het zover: het laatste stukje papier viel op de grond. Indra's mond viel open van verbazing. Dit was mooier dan ze ooit had durven dromen: een prachtige grote barbiepop, ongeveer zo groot als Indra zelf, stond voor de prinses. Indra kon haar ogen niet geloven. Zo'n mooie barbiepop had ze nog nooit gezien. Voor Indra leek deze pop net een fee. Heel voorzichtig raakte ze de pop aan. Met haar handje ging ze zachtjes over het zijden jurkje van de pop. 'Oh, wat mooi. Dank je wel, mama en papa', fluisterde Indra betoverd. Iedereen was onder de indruk, het was werkelijk een hele mooie barbie.

Papa koning klapte in zijn handen en verbrak daarmee de betovering: 'Lieve gasten, jullie worden allemaal uitgenodigd aan de feesttafel. Wie heeft er honger?' 'Ikke, ikke', riepen een paar enthousiaste kinderen. Enkele tellen later zat iedereen aan de feestdis. Wat werd er gesmuld. Er waren verrukkelijke pannenkoeken en wafels versierd met verse aardbeien en slagroom. Nadien was er heerlijke ijstaart en, speciaal voor de kinderen, snoepjes zoveel ze maar wilden. 'Dit was pas echt feest!' vonden alle vriendjes en vriendinnetjes van Indra. En feesten deden ze. Tot 's avonds laat. Rond middernacht waren ook de laatste gasten vertrokken en bracht mama Indra naar haar bedje. 'Kom prinses, nog even je nachtpon en je pamper aan en dan kun je eindelijk slapen. De koningin kuste haar dochtertje welterusten: 'Slaap lekker, lieve schat.'

Doodmoe legde Indra haar hoofdje neer. De koningin wou net de kamer verlaten toen haar dochtertje plots weer rechtop veerde: 'Mama, mama, mijn fee nog, die moet hier bij mij slapen.' Mama keek Indra niet begrijpend aan: 'Jouw fee? Welke fee?' 'Maar mama toch, ik bedoel mijn nieuwe barbiepop. Vind jij dan niet dat het net een fee is? Toe mama, breng haar naar mijn kamer, dan zal ik zeker lekker slapen.'

'Oké liefje', lachte mama, 'als dat alles is. Ik breng jouw fee zo dadelijk hier bij jou.' 'Oh, dank je mama', zuchtte Indra en gerustgesteld vielen haar oogjes eindelijk toe.

Deel 2

Het was nacht. Duizenden sterren fonkelden aan de hemel. De maan was groot en helder en verlichtte zachtjes de mooie koninklijke tuin van het paleis. Prinses Indra sliep als een roos en droomde van haar nieuwe barbiepop. Deze was tot leven gekomen in de gedaante van een fee: Prinses Indra wandelde hand in hand met haar nieuwe fee-vriendin in de tuin van het paleis. 'Ben jij een echte fee?' vroeg Indra.

'Ja, natuurlijk', zei de fee. 'Feeën kunnen alleen maar echt zijn, anders zou ik nu niet hier zijn.'

'Kun jij dan ook echt toveren?' vroeg het prinsesje hoopvol.

De fee dacht diep na en zei toen: 'Iets toveren voor een ander mens kan men eigenlijk niet. Alleen toveren voor jezelf is mogelijk. En dat kan iedereen, alleen weten de meeste mensen dat niet.'

Indra zweeg. Dit begreep ze niet zo goed. Maar erg vinden deed ze het niet, want zolang de fee bij haar bleef, was de prinses tevreden. De rest zou vanzelf wel komen.

'Weet je lieve fee. Ik heb een probleempje. Ik ben vandaag acht jaar geworden, zoals je weet. Toch heb ik 's nachts nog steeds een pamper nodig, omdat ik anders mijn bed nat maak. Eigenlijk vind ik dat nogal vervelend. Het zou veel leuker zijn als ik vanaf nu 's nachts gewoon droog zou blijven. Kun jij mij daarbij helpen?'

De fee knikte: 'Ik kan je zeggen wat je moet doen, maar alleen jij kunt het probleempje oplossen. Ik weet zeker dat het je ook goed zal lukken, want ik zie dat je het echt graag wilt. Vraag maar hulp aan de vriendjes in jouw buikje. Die horen bij jou en die gaan jou zeker helpen.' 'Vriendjes in mijn buikje?' vroeg Indra heel verwonderd.

'Ja, natuurlijk', zei de fee behulpzaam. 'Wist jij dan niet dat je allemaal vriendjes in je buik hebt, die je met alles wat je doet helpen?'

Het prinsesje schudde heftig met haar hoofdje: 'Nee fee, dat wist ik niet. Maar vertel jij het mij alsjeblieft. Ik ben heel benieuwd naar die vrienden in mijn buikje.'

De fee lachte naar Indra: 'Je bent een heel bijzonder meisje, Indra. En juist daarom wil ik jou helpen. Als je wilt maak ik jou heel klein met mijn toverspreuk, zodat je op bezoek kunt gaan bij jouw vrienden in je buik.'

Indra knikte enthousiast: 'Ja, ja, doe maar lieve fee. Dat wil ik graag!'

De fee ging voor het prinsesje staan en zei: 'Ik maak jou heel klein zodat je bij je vrienden kunt zijn. En zie, ze doen open, je kunt binnen gaan lopen, je bent nu in je buik, het is daar heel puik. Vertel aan je vrienden, wat je wilt vinden!'

De betoverde prinses, die door de toverspreuk zo klein geworden was als een wasknijper, zat nu in haar eigen buik. Er waren nu twee Indra's: het gewone prinsesje van voor de betovering en de betoverde mini-Indra. Mini-Indra was terechtgekomen in een grote buikkamer, waar allemaal mini-Indra's op stoeltjes zaten te praten en te lachen met elkaar. Ze zagen er allemaal als minimensjes uit.

Toen ons miniprinsesje binnenkwam werd iedereen muisstil.

Een van de minimensjes kwam naar mini-Indra toe. Verbaasd vroeg ze: 'Wie ben jij en waar kom jij vandaan?' Mini-Indra voelde zich verlegen, nu iedereen naar haar keek. Al die mini-Indraatjes leken zoveel op haar. Het leek net of ze zichzelf wel honderdmaal in een spiegel zag. 'Wees maar niet bang. Vertel ons nu wie je bent', drong het minimensje vastberaden, maar vriendelijk aan. Ons miniprinsesje had haar eerste verlegenheid overwonnen en zei trots: 'Ik ben de *echte* miniprinses Indra en ik ben hier gekomen dankzij mijn vriendin de Barbiefee. Maar wie zijn jullie dan?'

'Oh', zei het minimensje, 'wij zijn in elk geval jouw vrienden! Wij helpen jou bij alles wat je doet. Wij zien er wel allemaal hetzelfde uit, maar toch heeft elk van ons hier zijn eigen taak: eentje van ons zorgt er bijvoorbeeld voor, dat jij 's morgens zin hebt om te zingen. Iemand anders zorgt ervoor dat jij honger krijgt als je al een poos niks meer gegeten hebt en ga zo maar door.' Ons prinsesje was stomverbaasd: 'Dus voor alles wat ik doe krijg ik hulp van jullie?' 'Ja, zo is het. Wij willen jou echt met alles helpen, maar heel soms kunnen wij ons ook wel eens vergissen. Daar kun jij dan wat last van hebben. Maar vertel nu eens waarmee wij jou kunnen helpen.'

Onze mini-Indra begon aarzelend te vertellen: 'Euh, mijn feeënvriendin zei dat jullie me zouden kunnen helpen met mijn plasprobleempje.'

Vanuit de hele groep minimensjes kwam er eentje naar voren gelopen: 'Ha, prinsesje Indra. Wat ben ik blij dat jij hier op bezoek bent! Ik ben Indra-mini-plas en door mij deed jij 's nachts altijd een plasje in je pamper. Onze miniprinses Indra keek eerst verwonderd naar Indra-mini-plas en vroeg dan een beetje boos: 'Waarom liet jij me dan 's nachts steeds in mijn bedje plassen?'

'Ach, liefste prinsesje. Het klinkt misschien raar, maar ik deed het gewoon om jou te helpen. Ik wist dat je al de hele dag aan zoveel dingen moest denken en dat je dan weer dit en daarna weer dat moest doen. Daarom zorgde ik ervoor dat je 's nachts echt aan niks moest denken, zelfs niet aan een plasje dat je moest doen. Daarom plaste jij natuurlijk bijna elke nacht in je pamper. Maar wat ik niet wist is dat jij daar last van had.' Nog altijd een beetje boos antwoordde ons miniprinsesje: 'Ja, ik had er zeker last van. Het was niet zo leuk om steeds met een pamper te moeten slapen. Ik wil voortaan wel verder lekker slapen en ik dank je dat jij daarvoor gezorgd hebt, maar ik wil ook gewoon droog blijven. Is dat mogelijk denk je?'

'Natuurlijk is dat mogelijk, prinsesje!' zei Indra-mini-plas. 'We gaan je helpen! In onze familie hebben wij ook een mini-Indra die voor elk probleempje een paar leuke oplossingen kan bedenken. Daaruit kies ik dan de allerleukste oplossing voor jou!' Indra-mini-plas wenkte naar een andere mini-Indra achteraan in de buikkamer. Dat was Indra-mini-oplossing. Ze kwam onmiddellijk naar voren gerend en gaf ons mini-prinsesje een hand: 'Ik ga jou helpen, lieve prinses. Even kijken, wat heb je nodig?' dacht ze hardop na. Je zou iets moeten kunnen doen gedurende de dag, waarbij jij je helemaal kunt ontspannen, waarbij je aan niks vervelends meer moet denken én natuurlijk moet het ook iets zijn wat je heel leuk vindt. Als ik zoiets voor jou vind ga je voortaan 's nachts zeker droog blijven.' Indra-mini-oplossing deed haar ogen toe en dacht heel diep na. Na enkele minuten deed ze eindelijk haar oogjes weer open en lachte ze stralend naar ons kleine prinsesje: 'Ik heb drie leuke dingen voor jou bedacht en ik zal nu vragen aan Indra-mini-plas om het beste er voor jou uit te halen. Indra-mini-plas en Indra-mini-oplossing gingen naast elkaar zitten en bespraken druk de beste oplossing voor de kleine prinses, die ondertussen wel wat ongeduldig was geworden. Eindelijk waren ze klaar en richtte Indra-mini-plas zich tot het prinsesje: 'Lieve prinses Indra, we stellen voor dat je gaat ijsschaatsen. Het zal je heerlijk ontspannen en daardoor zul je dan ook 's nachts droog blijven. Bij het schaatsen zul jij je voelen als een vogeltje in de lucht. Je zult je sterk en gelukkig voelen en weten dat er een hele grote kracht in jezelf zit. Die kracht zal jou ook helpen om 's nachts droog te blijven.'

De kleine prinses slaakte een zucht van opluchting: 'Oh, wat zullen mama en papa blij zijn als ik voortaan 's nachts droog blijf. En wat zullen ze verrast opkijken als ik zeg dat ik wil gaan ijsschaatsen. Ik wou dat het al zover was. Ik heb het nog nooit gedaan, maar ik weet zeker dat het iets voor mij is. Misschien word ik wel ijsdans-sterdanseres. Wat vinden jullie daarvan?' Met glinsterende oogjes keek het prinsesje opgewonden naar al haar mini-Indraatjes in de kamer. Ze leken allemaal tevreden. Eentje nam het woord: 'Lieve prinses, we vinden het allemaal een schitterend idee dat jij gaat ijsschaatsen en we weten zeker dat het jou zal helpen om 's nachts droog te blijven. We wensen jou het allerbeste en hopen je nog eens terug te zien.' Prinses Indra nam afscheid van haar vriendjes en enkele tellen later was de betovering verbroken. Ook aan de droom kwam een einde, want mama koningin maakte haar dochtertje zachtjes wakker: 'Lieveling, wakker worden. Het is bijna middag. Wat heb jij lang geslapen, zeg. Kom je nu iets eten?' Prinses Indra knipperde met haar oogjes: 'Waar is mijn fee, mama?' 'Hier schatje, ze ligt hier toch naast jou. Oh, heb jij haar gisterenavond nog van plaats veranderd? Ik had die pop toch aan jouw voeten gezet?'

Indra keek haar mama lachend aan en begon dan opgewonden heel haar droom te vertellen. Mama luisterde geboeid en vond het allemaal prachtig. Knipogend naar haar dochter zei ze: 'Kom meisje, wat vind je van mijn voorstel: We gaan nu iets eten en dadelijk daarna gaan we schaatsen kopen voor jou.'

Dolgelukkig viel Indra haar mama om de hals: 'Mama, ik ben zo blij! Ik weet zeker dat het mij nu gaat lukken om droog te blijven, nu ik zal mogen schaatsen elke week!'

De koningin glimlachte. Wat was ze blij met zo'n enthousiaste dochter. Van nu af aan kon het alleen nog beter worden!

Tweede verhaal: Slaap lekker, Lichtje

In een mooi en warm land, hier heel ver vandaan, leefde eens een heel bijzonder elfje. Het elfje was klein en fijn en ze had de prachtigste vleugeltjes die je ooit gezien hebt. Haar vleugeltjes waren heel zacht roze en tegelijkertijd toch bijna doorzichtig. Haar stemmetje klonk helder en lieflijk. Overal waar ze kwam bracht het elfje vreugde en licht. Iedereen die haar kende noemde haar dan ook 'Lichtje'.

Lichtje was altijd druk in de weer: 's Nachts kwam ze samen met haar elfenvriendjes op de aarde om de bomen, de planten, de bloemen, de paddestoelen en ook de dieren te helpen. Elk elfengroepje had zo zijn eigen taak. Het elfengroepje waar Lichtje bij zat mocht deze week de bloemen verzorgen. Een ander elfengroepje deed zijn rondgang bij alle sterke bomen in het bos om te vragen of ze nog wat elfenlicht nodig hadden. En als dat zo was kreeg die sterke boom een heerlijke douche van elfenlicht. Na zo'n elfendouche voelde de boom zich nog tien keer zo mooi en sterk. Na al die nachtelijke karweitjes waren de elfjes heel moe. Bij het opkomen van de zon gingen ze dan ook lekker slapen en luieren op hun zelf uitgekozen wolkenbedje terwijl ze zich lieten verwarmen door de eerste, tedere ochtendstralen. Na een tijdje sliepen alle elfjes behalve Lichtje. Zij was het - bijna - kleinste elfje van de hele groep, maar toch ging ze niet liggen en bleef ze doorgaan met werken. Het leek wel of Lichtje nooit moe werd. Ze maakte meters lichtlint van gevallen sterretjes om de haren van haar elfenvrienden te versieren. Ook verzamelde ze elke ochtend alle elfenpantoffeltjes en zette ze heel netjes op een rij.

En als er een wolkje of een sterretje droevig was zong Lichtje er met haar lieflijk stemmetje een elfenliedje voor. Natuurlijk voelde het wolkje of sterretje zich na zo'n liedje dadelijk beter. Je kunt wel bedenken dat Lichtje nogal geliefd was. Ze deed werkelijk bijna alles om iedereen blij te maken ...

Toch was er de laatste tijd iets mis met Lichtje. Wanneer Lichtje dan eindelijk eens ging slapen had ze steeds dezelfde rare droom en sliep ze heel onrustig. Haar elfenvriendjes waren bezorgd om haar en stuurden haar naar de wijze elfenkoning. Even later stond Lichtje voor de wijze elfenkoning: 'Dag Lichtje, wat ben ik blij dat jij mij komt bezoeken. Kan ik jou met iets helpen?' Lichtje haalde haar schoudertjes op en zuchtte: 'Och elfenkoning, ik slaap zo slecht de laatste tijd en als ik dan eindelijk slaap, droom ik steeds dezelfde rare droom opnieuw.'

De wijze elfenkoning keek bezorgd: 'Wat precies droom je dan Lichtje?'

Lichtje aarzelde even, maar begon dan toch te vertellen: 'In mijn droom staat er een hele lange rij voor mij van elfen, men-

sen, planten, wolken, sterren, enzovoort. Het is echt een ongelooflijke, lange rij, koning. Elk om de beurt komen ze mij iets vragen en in mijn droom kan ik elk van hen geven wat ze willen. Eigenlijk ben ik dan net een fee; ik kan ze allemaal blij maken en dat vind ik zo leuk.'

Lichtje keek op en slaakte een diepe zucht.

'Waarom zucht je zo?' vroeg de elfenkoning vriendelijk.

Lichtje antwoordde niet, verdrietig tuurde ze naar de wolkjes onder haar terwijl dikke tranen over haar wangetjes rolden …

'Kom Lichtje, zeg het nu maar', en de elfenkoning nam zijn elfenzakdoek om heel voorzichtig Lichtjes gezichtje droog te maken.

Met een fluisterstemmetje zei Lichtje: 'Ik word er zo moe van om iedereen altijd maar blij te maken …'

De tovenaar knikte en nam Lichtje bij zich op schoot: 'Mijn lieflijk elfje, luister naar mij. Het wordt de hoogste tijd om jezelf nu eens blij te maken.' Lichtje keek de wijze man verwonderd aan: 'Hoe moet ik dat dan doen, elfenkoning?'

'Kijk Lichtje, je hebt iedere nacht je taak te vervullen en die taak doe je goed; ik zie elke nacht weer vanaf mijn wolk hoe zeer jij je best doet. Maar daarna Lichtje, als de nacht voorbij is, is je werk afgelopen. Dat betekent dat je na je taak iets mag gaan doen om jezelf echt blij te maken. Denk eens heel goed na, Lichtje. Wat vind jij echt leuk van al de dingen die je doet als alle andere elfjes slapen?'

Lichtje haar elfenlipje begon te trillen en weer biggelden dikke tranen over haar elfenwangetjes: 'Maar als ik de anderen niet meer help vinden ze mij misschien niet meer leuk', snikte Lichtje. De wijze elfenkoning legde zijn hand over haar smalle schoudertjes. 'Lichtje, je hoeft echt niets speciaals te doen: gewoon lekker genieten van alles wat je tegenkomt in je elfenleventje is meer dan genoeg. Genieten van je heerlijke, zachte wolkenbedje of genieten van een elfenvriendje die jou zacht komt wakker maken nadat je lekker lang geslapen hebt. Genieten van superverse regendruppels, die je zomaar gratis in je elfenmondje kan laten druppen. Elke dag genieten van de heerlijke wind die tegen jouw prachtige vleugeltjes blaast. Och Lichtje, er is zoveel om van te genieten. Je bent zo'n prachtig elfje. Je bent een geschenk voor ons allemaal, gewoon omdat je hier bij ons wilt zijn ...'

Lichtje begreep het. Ze keek dankbaar naar de wijze elfenkoning. Ze wou iets zeggen maar plots moest Lichtje vreselijk hard geeuwen.

'Stil maar', zei de elfenkoning, 'ik breng jou naar je wolkenbedje.' Hij nam Lichtje in zijn armen en legde haar voorzichtig in haar wolkenbedje.

Lichtje sliep rustiger dan ooit voorheen en rond haar elfenmondje speelde een zalige glimlach. De volgende avond voelde Lichtje zich heerlijk uitgerust. Haar elfenvrienden stonden lachend rond Lichtjes wolkenbedje. 'Wel Lichtje, wat is er met jou gebeurd? Je ziet er zo fris en uitgerust uit. Wat leuk om jou zo te zien.'

'Ach', glimlachte Lichtje en ze rekte zich lekker uit: 'Ik heb gewoon heerlijk geslapen.' Eén moment later betrok haar elfensnoetje: 'Zijn jullie niet boos op mij?' Alle elfenvriendjes keken Lichtje verbaasd aan en ze vroegen dan ook: 'Boos op jou? Waarom dan in hemelsnaam?' Lichtje antwoordde bedrukt: 'Ik

heb jullie pantoffeltjes niet opgeruimd en ik heb geen lichtlinten gemaakt voor jullie.'

'Maar Lichtje toch, jij kunt ons gewoon nog veel blijer maken als jij zelf blij bent. Wij vinden jou aardig en wat jij doet of niet doet verandert daar niets aan!' Lichtje zuchtte opgelucht. De elfenkoning had werkelijk helemaal gelijk gehad, wist Lichtje nu met zekerheid. Dolgelukkig fladderde ze uit haar bedje en begon ze samen met de anderen aan haar nachtelijke taak. Toen de zon opkwam was Lichtje de eerste van alle elfjes die in haar bedje lag …

Voortaan sliep Lichtje elke dag heerlijk door en haar rare droom kwam nooit en *nooit meer terug!*

Voor Katrien
negen jaar, paniekreactie voor bewegende ogen in poppen

Verhaal geschreven door Ann Delnoy, verteld door de moeder

Beschrijving van het probleem

Katrien gedraagt zich normaal en speelt graag, ze raakt echter in paniek als ze een pop ziet waarvan de ogen bewegen, al dan niet gecombineerd met warrige haren, of afgebroken armen of benen.
Dat lijkt onschuldig maar is het niet, want de gevolgen zijn dat men haar daarmee kan plagen, en aan de andere kant dat men vermijdt om haar te vragen op verjaardagsfeestjes, omdat ze die ongewild danig in de war kan sturen door een onverwachte paniekaanval. Ze koos zelf vriendinnen uit die geen poppen hadden, liep in de supermarkten met een grote boog om de poppenrekken heen.
De ouders hadden al diverse therapieën geprobeerd. Regressie, homeopathie, gesprekstherapie, Bach-bloesems, kruiden, reading, rebirthing en andere. Deze hadden niet het beoogde effect. Het leverde wel informatie die een verklaring zou kunnen zijn voor deze diep gewortelde angst. Katrien zou in een vorig leven in de middeleeuwen als negenjarig meisje, met haar zusje van vier, enkele weken rondgezworven hebben in een stad waar de pest in volle hevigheid woedde. Overal lijken, met open starende ogen, verrotte en afgevallen ledematen, de nog levende mensen rondlopend met vertwijfelde blikken en maskers voor de mond. Uiteindelijk is eerst haar zusje en daarna ook zij gestorven. De eerste beelden die Katrien in dit leven kon ophalen, was bij haar geboorte. Het eerste wat zij in dit leven zag, waren de grote blauwe starende ogen van de verloskundige en het masker voor zijn mond. Met haar verleden kregen deze beelden niet de betekenis dat ze in veilige, deskundige handen was, maar sloeg de paniek waarschijnlijk toen al toe.

Tips

Haar lievelingsdier is een klein knuffelhondje Snuffie, en ze houdt van miniatuurspeelgoedjes.

Resultaten

Na het eerste verhaaltje is Katrien gaan spelen bij een vriendinnetje waar zo'n pop met bewegende ogen in de garage lag, en ze is er rustig bij kunnen gaan staan en ze heeft voor zichzelf gezegd dat het voorbij is. Half juli 2002, enkele maanden later, staat ze op de luchthaven in Londen voor een etalage, oog in oog met een pop met bewegende ogen, en ze roept haar mama en zegt: 'Kijk ik kan rustig naar die pop kijken.' Ze heeft na het eerste verhaal nog geen behoefte om de poppen vast te pakken. Dat zal mogelijk na het tweede verhaal gebeuren, dat pas twee maanden later geschreven is.

Nevenverschijnselen

Volgens de moeder durfde Katrien nooit nee te zeggen, ze liet als het ware over zich heen lopen. Ze is nu in haar kracht gekomen en is naar de andere kant van de balans doorgeslagen, en zegt nu op bijna alles nee. Haar moeder verwacht dat ze spoedig het midden van de balans zal vinden.

Telefoonnummer van de ouders:
An Rubens 0032 (0) 11732885

Eerste verhaal: Snuffie, Arvin en Bo

Heel lang geleden leefde er eens een schattig hondje, dat Snuffie heette. Snuffie was natuurlijk geen gewoon hondje, hij was heel bijzonder. Hij was zachter en liever dan alle andere honden en aan zijn oogjes kon je zien dat hij het trouwste vriendje was dat je kon hebben. Snuffie leefde samen met zijn grote broer en kleine zus in een prachtig huis bij zijn mama en papa, waar hij het echt naar zijn zin had. Zijn mama bereidde heerlijke zachte hapjes voor hem en zijn papa bracht de meest verrukkelijke botten mee naar huis voor Snuffie.

Snuffie genoot van zijn lekker leventje maar was zelf ook heel behulpzaam. Hij ruimde altijd zelf zijn kamertje op en als zijn mama of papa iets vroegen stond hij als eerste klaar om te helpen. In de Bollebergenstraat waar Snuffie woonde stonden wel vijftig dierenhuizen. Snuffie woonde met zijn familie op nr. 34. Op nr. 33 tegenover hen woonden mijnheer en mevrouw Zebra met hun twee dochters. Rechts van Snuffies huis op nr. 32 had je de familie Schildpad en links van hen op nr. 36 woonde de familie Poes met hun vijf dochters en hun ene zoontje Arvin, die Snuffies beste vriendje was. Snuffie, het hondje en Arvin, de poes hadden veel pret samen. Ze ravotten de hele dag buiten en haalden samen de gekste streken uit. Vaak brulden ze samen van het lachen tot de tranen over hun wangen liepen.

Toch kon er niet altijd gelachen worden, want zoals iedereen wel eens een probleem heeft, had ook Snuffie een probleem. Snuffie had namelijk om de een of andere, tot nu toe onverklaarbare, reden een felle angst voor kleine opwindbare muisjes. Wanneer zo'n speelgoedmuisje stilstond, was er niets aan de hand, maar wanneer het opgewonden werd door iemand en daarna begon te bewegen, voelde Snuffie zich ellendig en heel angstig. Hij begon dan luid te janken en kroop vlug onder de tafel of op een andere plek, waarvan Snuffie dacht dat veilig was. Snuffie, maar ook zijn mama en papa en ook zijn vriendje Arvin hadden echt allemaal last van dit probleem. Snuffie zelf omdat het nu eenmaal niet leuk was om je angstig te voelen en zijn mama en papa en Arvin omdat het niet leuk was hun Snuffie zo te horen lijden terwijl ze zoveel van hem hielden.

Op een dag waren Arvin en Snuffie uitgenodigd op het verjaardagspartijtje van Krokkie, de krokodillenbuurjongen van nr. 39.

Het was een leuk feest met slingers, ballonnen, heel veel pakjes en natuurlijk ook de heerlijkste hapjes die je maar kon bedenken: gerookte zeegarnaaltjes met gekleurde muizenstrontjes, verrukkelijke rozijnenpudding met vleesbrokjes en kleine marsepeinen olifantjes met druivenpittenoogjes en chocolade teennageltjes. Achter in de tuin waar het feest plaatsvond kon je al de dierenvriendjes plezier horen maken. Plots echter werd die vrolijke drukte verstoord door Snuffie, die luid jankend de tuin uit liep. 'Hé, wat gebeurt er nou?' riep Krokkies mama bezorgd. 'Het is Snuffie weer!' riep Zoa de kleine tijger terwijl hij een raar bewegend speelgoedmuisje omhoog hield. 'Het zusje van Krokkie draaide het veertje op van dit speelgoedmuisje dat hier nog toevallig onder de struiken lag. Die kleine zus van Krokkie wist niet dat Snuffie daar zo bang voor was. Moet je nu horen, zeg!' Alle dierenkinderen keken verdwaasd de jankend weglopende Snuffie na. Wat wilden ze hem graag helpen …

'Mama, mama', riep de jarige Krokkie, 'Snuffie moet naar Mijnheer de wijze Uil gaan. Die zal hem kunnen helpen.' 'Tja', peinsde Krokkies mama, 'dat is misschien een goed idee. Wie van jullie kent de Lange Snepstaartstraat waar Mijnheer de Uil woont?' 'Ik weet precies waar dat is', riep Arvin de poes boven alle drukte uit.

'Wat een geluk, dan kun jij er nu met je vriendje naartoe!' zei Krokkies moeder.

'Doe Mijnheer de Uil de groeten van mij en zeg hem dat ik erop vertrouw dat hij Snuffie helpt.' Arvin knikte en rende zijn vriendje achterna. Lachend vervolgde Krokkies mama tegen de overgebleven feestvierders: 'Als er één iemand is die Snuffie zal kunnen helpen is het wel Mijnheer de Uil. Voor elk kwaaltje bereidt hij een maaltje en voor elk schrikje geeft hij een prikje.' De kinderen lachten. Die Krokkie had toch maar een rare mama, vonden ze.

Ondertussen had Arvin de poes z'n vriendje Snuffie bijna ingehaald. 'Snuffie, Snuffie, wacht nou even', riep Arvin, 'ik wil jou iets zeggen. We gaan samen naar Mijnheer de Uil in de

Lange Snepstaartstraat. Die wijze Uil gaat jou helpen.'

Snuffie stopte met rennen en keek zijn vriendje verdrietig aan. 'Niemand kan mij helpen. Ik heb die angst voor die kleine stomme speelgoedmuizen al zo lang en ik heb al duizend druppeltjes genomen en ben al naar honderd dokters gelopen die me de meest gekke dingen lieten doen, maar tot nu toe heeft dat allemaal niets uitgehaald', snufte Snuffie met zo'n droevig bekkie dat Arvin zelf tranen in zijn ogen kreeg. Arvin wist niet wat hij moest zeggen. Hij legde zijn pootje zacht tegen Snuffies kopje en voor Snuffie voelde dit net of zijn vriendje wilde zeggen: 'Kom op joh, samen slaan we ons er wel doorheen.'

Even later liepen de twee vrienden richting Lange Snepstaartstraat, Arvin voorop en Snuffie erachteraan. Het was een heel eind lopen tot bij de wijze Uil, maar dit gaf Snuffie net de tijd om tot rust te komen. Hij bedacht bij zichzelf dat hij nu eindelijk eens een eind wilde maken aan die eigenlijk gekke angst voor die onnozele, bewegende speelgoedmuisjes. Plots hield Arvin halt. 'Hé Snuffie, ik denk dat we de weg kwijt zijn. Er is hier een nieuwe wijk bijgekomen en nu weet ik niet meer welke richting we uit moeten.' Besluiteloos keek Arvin zijn vriendje aan.

Wat moesten ze nu doen?

'Daar, twee kangoeroes!' riep Snuffie terwijl hij zijn vriendje aanstootte. 'Die zullen ons vast en zeker wel verder kunnen helpen.' Snuffie en Arvin staken de weg over en hielden vastbesloten maar vriendelijk de kangoeroes tegen.

'Goeie dag, alle twee, wij zijn Snuffie en Arvin en wij zijn de weg kwijt. Kunnen jullie ons soms helpen de Lange Snepstaartstraat te vinden?'

'Mama, mama', riep de kleine kangoeroe opgewonden, 'dat is de straat waar de wijze Uil woont. Die straat kennen wij, hè.'

'Ja zeker schat, dat is zo', beaamde zijn mama.

'Wat een toeval', merkte Arvin op, 'dat is nou juist waar wij ook naar toe gaan ...'

'Die wijze uil is echt heel wijs', vervolgde de kleine kangoeroe snel. 'Hij heeft mij geholpen mijn angst voor het donker te overwinnen', voegde hij er trots aan toe.

'Snuffie, Snuffie, hoor je dat? Zie je wel dat die uil jou ook zal kunnen helpen!'

Snuffie was wel nieuwsgierig geworden naar zo'n overwinning en voorzichtig vroeg hij: 'Hoe heb jij dan jouw angst voor het donker overwonnen?'

Kleine kangoeroe keek zijn mama twijfelend aan. Zou hij dit wel allemaal vertellen aan die twee onbekenden?

'Vertel het ze maar, Bo. Ik denk dat je hen kunt helpen met jouw verhaal', zei mama kangoeroe overtuigend. Snuffie knikte en spitste vol verwachting zijn oortjes.

'Wel', begon Bo te vertellen, 'zolang ik mij herinner, heb ik die angst voor het donker gehad. Ik werd altijd bang als het donker werd en ik huilde wanneer ik moest gaan slapen. De hele nacht zat ik te huilen en verstopte ik mij onder mijn dekens. Ik perste heel hard mijn ogen dicht om de donkere nacht toch maar niet te hoeven zien. Ik voelde mij toen echt ellendig en angstig en mijn ouders ook. Ze vonden het zo erg voor mij en ze konden zelf geen enkele nacht rustig doorslapen, want ik schreeuwde de hele tijd omdat ik zo bang was. Toen, na enkele jaren, zijn we toevallig bij Mijnheer de Uil terechtgekomen. De uil heeft mij toen gevraagd of ik de komende dag en nacht bij hem wou blijven. Hij zei dat je pas iets kunt overwinnen, als je er heel goed naar kijkt en er niet langer je ogen voor sluit. Ik geloofde hem eerst niet, maar ik heb het toch gedaan. Dat kijken bedoel ik, hè. Dat kijken was heel moeilijk voor mij, maar het werkte. De wijze uil en ik zijn één dag en één nacht samen op stap geweest. We zochten een grote, prachtige boom uit en in het volle zonlicht hebben we samen de boom bekeken. We hebben naar de dikke, bruine takken gekeken en naar de frisse, groene kleur van de blaadjes. Daarna hebben we aan de schors van de boom gevoeld. Wanneer we er heel zachtjes aan voelden, kietelde dat aan onze pootjes en dat vond ik zalig. Daarna hebben we de heerlijke geur van de stam en het mos rondom de boomstam geroken. Het was heel grappig. We bleven maar zitten bij die boom en hoe meer we keken en voelden en luisterden naar het geritsel van de blaadjes, hoe mooier we de boom vonden. Toen het langzamerhand donkerder werd bleven we samen kijken, voelen, luisteren en ruiken aan de boom. Het was de eerste keer in mijn

leven dat ik me goed voelde terwijl het donker werd en dat kwam omdat ik deze keer was blijven kijken. Ik bleef ruiken aan de boom en met mijn pootjes bleef ik de schors voelen en ondertussen hoorde ik nog steeds de wind die de blaadjes deed ritselen.'

Bo, de kleine kangoeroe, stopte even met zijn verhaal. Zijn mama streelde hem liefdevol over zijn kopje. 'Vertel verder, Bo, ik ben zo trots op jou.' Snuffie en Arvin keken ingespannen naar Bo om toch maar geen woord te missen. Bo ging verder met zijn verhaal. 'Toen het werkelijk helemaal donker was, keek ik nog altijd naar de boom. Het was pikdonker, maar toch kon ik nog steeds zien. Ik had nu geleerd dat er zoveel verschillende manieren zijn om naar iets te kijken. Ik zag de boom met behulp van mijn handen die voelen, met behulp van mijn oren die luisteren en met behulp van mijn neus die ruikt. Er was een wonder gebeurd. Ik had mijn angst voor het donker overwonnen enkel en alleen omdat ik er op zo'n bijzondere manier naar gekeken had. Terwijl het nog donker was, wist ik op dat moment al dat het gauw weer licht ging worden en dat het daarna weer donker ging worden en daarna weer licht en zo altijd maar verder. Het was niks om bang voor te zijn.'

'Jij bent echt fantastisch, Bo!' zei Snuffie ademloos.

'Ja, ik weet het, ik heb geluisterd naar de wijze raad van de uil, maar ik heb zelf mijn angst overwonnen', zei Bo stralend. 'Trouwens, willen jullie nog altijd weten waar hij woont, die wijze uil?'

'Ja, zeker, vertel het ons alsjeblieft!' Bo legde geduldig de weg uit. Arvin en Snuffie dankten hem uitgebreid voor zijn hulp en vertrokken met frisse moed richting Lange Snepstaartstraat.

Tweede verhaal: Het sleuteltje van de kikker

De grijsbruine uil vliegt met wijd uiteen gesperde vleugels naar zijn grote eikenboom. Dat is de boom van waaruit hij 's nachts een overzicht heeft over de stad en het aangrenzende bos.

Zachtjes landt hij boven in de kruin van de boom. Tevreden nestelt de uil zich tussen de frisgroene blaadjes en maakt zich klaar voor de nacht. Niets ontsnapt aan zijn turende ogen, die perfect in de duisternis kunnen zien. Daardoor is het dat hij al vlug de twee figuren ontdekt die in de richting van de boom lopen.

'Die twee komen naar mij toe' zegt de wijze uil tegen zichzelf, 'en ik zal hen kunnen helpen.' Ondertussen weten Snuffie en Arvin niet dat de uil hen al gezien heeft. Vol goede moed stappen de twee vrienden door. 'Ik vraag me af hoe die wijze uil jou gaat helpen, Snuffie' zegt Arvin tegen zijn vriendje. Snuffie kijkt Arvin vastbesloten aan en zegt: 'We zullen dat nu wel bijna te weten komen want hier is dat smalle paadje met die rode bes-

senstruiken en als we dat helemaal aflopen tot aan het eind komen we aan de grote eikenboom waar de uil woont.' 'Eindelijk zijn we er', zucht Arvin. 'En nu hopen dat Mijnheer de Uil thuis is.' 'Oehoehoe', klinkt het hoog boven in de boom. 'Ik ben thuis. Wees welkom.' En voorzichtig fladderend komt de uil naar één van de onderste takken, zodat hij zijn bezoek goed kan bekijken. 'Goedenavond Mijnheer de Uil', zingen Snuffie en Arvin in koor.

'Goedenavond, ook voor jullie', zegt de uil vriendelijk, 'ik verwachtte jullie al. Maar zeg me, waarmee kan ik jullie helpen?' 'Wij komen voor Snuffie, mijn vriend, die bang is voor opwindbare speelgoedjes, die zo raar gaan bewegen als je ze opwindt. Snuffie vindt dit echt zo vervelend, om altijd zo te schrikken van die stomme onnozele dingen en hij denkt dat jij hem kunt helpen omdat jij de kleine kangoeroe ook van zijn angst voor het donker hebt afgeholpen.' Met doordringende ogen kijkt de uil naar Snuffie en zegt: 'Onthoud één ding, mijn vriend. Ik kan niemand genezen of van zijn angst afhelpen, dat doe je altijd zelf. Jijzelf bezorgt je die angst voor die kleine bewegende speelgoedjes, anders zouden alle dierenkinderen er wel angst voor hebben. Wanneer je dit goed beseft wil ik je graag helpen!' Snuffie gaat zitten en denkt diep na. Ergens voelt hij wel dat er hier iets niet klopt. Waarom vinden alle dieren die hij kent zo'n speelgoedje leuk en hij niet? Dan moet het toch wel aan hem liggen en niet aan het speelgoedje. 'Ik begrijp nog niet helemaal waarom', antwoordt Snuffie dan 'maar ik heb vertrouwen in u, zeg nu maar wat ik moet doen.' De uil komt op een takje zitten heel dicht bij Snuffie: 'Snuffie, wat voel je en wat doe je als je zo'n bewegend speelgoedje ziet?'

'Ik voel angst, ik durf er niet meer naar te kijken en wil dan zo snel mogelijk wegwezen, zo ver mogelijk van dat bewegende ding.' De uil knikt bedachtzaam en vraagt: 'Snuffie, wat denk jij dan over dat bewegende speelgoedje. Denk je dat het leeft of zo?' Snuffie moet diep nadenken. In gedachten beleeft hij opnieuw krokodils verjaardagsfeestje van daarstraks. De uil en

Arvin wachten geduldig. Dan zegt Snuffie: 'Ik denk helemaal niks over dat ding. Ik kan niet meer nadenken als ik zo geschrokken ben.' 'Wel, ik heb een voorstel', zegt de uil, 'denk er dan nu eens over na. Je zit hier heel veilig en er is niet zo'n ding in de buurt. Beeld je eens in dat hier een televisie op een afstand van twee meter voor je neus staat en dat jij hem met jouw afstandsbediening aan en uit kunt zetten.' Snuffie grinnikt, hij vindt het allemaal een beetje raar. Toch weet hij dat nu het moment gekomen is waarop hij zichzelf eens en voor altijd zal afhelpen van zijn vervelende angst.'

'De televisie staat daar', wijst Snuffie goed meewerkend, 'en de afstandsbediening heb ik hier vast.' 'Het is een hele moderne,

lichtgevende groene. Ik zie hem zelfs in het donker', zegt Arvin.

Snuffie kijkt zijn vriendje aan en gromt: 'Hoe kun jij dat nou weten? Mijn afstandsbediening is wit en zwijg nu Arvin, ik wil mij goed concentreren!' Zijn goede vriend miauwt begrijpend: 'Al goed, Snuffie, ik zwijg. Het was maar een grapje.' De uil schraapt zijn keel en beveelt vriendelijk: 'Zet de tv nu maar aan Snuffie en helemaal in het rechter hoekje onderaan zie je nu een klein grijs stilstaand muisje. Zie je het, Snuffie? Luister nu goed, Snuffie. Het is jouw tv en jij mag zelf beslissen wanneer je hem aan of uit doet. Als je het moeilijk krijgt, zet je de tv gewoon uit! Afgesproken?' Snuffie knikt: 'Ik ben er helemaal klaar voor, Mijnheer de Uil. En ook mijn muis zit klaar, ze is klein en grijs en ze zit stil in het hoekje op het tv-scherm.' 'Kijk dan maar eens heel goed naar die muis, Snuffie. Het is geen echte muis, het is een stilstaand speelgoedmuisje. Ze heeft een opwindsleuteltje aan de zijkant van haar buikje, maar daar komt nu niemand aan.' De uil is benieuwd naar Snuffies reactie: 'En Snuffie, staat jouw tv nog altijd aan? Hoe voel jij je nu?' 'Het gaat heel goed, Mijnheer de Uil. Ik ben niet bang van zo'n speelgoedmuisje dat stilstaat. Alleen als het begint te bewegen word ik bang.' 'Dat is fantastisch nieuws', roept de uil opgetogen. 'Je hebt dus helemaal geen angst voor het speelgoedje, maar enkel voor het sleuteltje dat het ding in beweging zet.' Snuffie kijkt een beetje verbaasd naar de wijze uil en knikt dan een beetje beschaamd: 'Ja, euh, misschien is dat wel zo.'

'Luister', zegt Mijnheer de Uil, 'zet die tv even uit en kom met me mee.' Snuffie zet zijn tv uit en volgt samen met Arvin, Mijnheer de Uil. Deze vliegt langzaam naar een andere grote eikenboom wat dieper in het bos. Hij geeft opdracht aan de twee dierenkinderen: 'Blijf even wachten, ik haal iets voor jou, Snuffie.' In het midden van de boom bevindt zich een opening, een soort voorraadhol. Mijnheer de Uil kruipt erin en komt er even later uit met een opdraaibaar speelgoedkikkertje.

'Kijk wat ik voor je heb, Snuffie. Dit is een heel oud speelgoedje van mij, waar ik heel veel mee gespeeld heb toen ik een

klein uiltje was. Nu geef ik het aan jou omdat jij zo'n bijzondere hond bent. Dit kikkertje kan springen als je hem opwindt en ook zijn oogjes beginnen dan te knipperen.' Snuffie deinst verschrikt achteruit en vraagt: 'Waarom beginnen zijn ogen dan ook nog te knipperen?' De uil legt het geduldig uit: 'Als het sleuteltje van het kikkertje opgedraaid wordt is er binnen in zijn buikje een veertje dat niet anders kan dan bewegen. Doordat het veertje beweegt, beweegt ook het kikkertje, en komt alles wat een beetje los zit ook vanzelf in beweging. Zo is het ook met die oogjes; het zijn gekleurde bolletjes die in een oogkasje zitten dat net iets groter is dan die oogbolletjes. Daardoor komt het dat die oogjes op en neer gaan wippen. Dat wippen lijkt dan op wat wij knipperen noemen.'

Snuffie knikt: 'ik snap het maar ik blijf het allemaal een beetje akelig vinden.'

'Ja, ja', zegt Mijnheer de Uil, 'dat weet ik wel. Ik ben ook nog niet klaar met jou. Kom eens even hier.' En hij neemt het speelkikkertje in zijn scherpe uilenbek. 'Hier, pak dit vast, Snuffie. Wees gerust, het is niet opgewonden. Je krijgt dit van mij, niet om mee te spelen, maar om het uit elkaar te halen.'

Snuffie kijkt niet begrijpend naar Mijnheer de Uil: 'moet ik het dan kapotmaken?'

'Noem het zoals je wilt', zegt meneer de uil, 'maar mijn bedoeling is dat je nu eens goed gaat kijken hoe zo'n speelgoedje er vanbinnen uitziet. De enige manier daarvoor is, denk ik, om het open te maken en dan eens te kijken hoe het er vanbinnen uitziet. Hier, pak aan dat ding!'

Aarzelend pakt Snuffie het kikkertje aan. Hij kijkt hulpzoekend naar Arvin die hem bemoedigend toespreekt: 'Komaan Snuffie, doe het gewoon, alles is veilig. Je zult zo blij zijn achteraf!' Snuffie raapt al zijn moed bij elkaar en geeft een stevige beet in het speelgoedkikkertje. Een doordringend gekraak verstoort even de rust van de stille avond. Het kikkertje valt uitelkaar op de aarde en Snuffie ziet nu de binnenkant van het speelgoedje.

Verwonderd kijkt hij naar het sleuteltje dat door de buitenkant naar binnen steekt. Daar is het sleuteltje verbonden met een veertje en een elastiekje. Het is gewoon een heel simpel mechaniekje. Dat ziet Snuffie nu, nu hij zo goed en rustig kijkt naar hetgeen hem al die voorbije jaren zo verschrikkelijk angstaanjagend leek. Snuffie legt zijn pootje op het veertje en het dingetje valt gewoon uit elkaar. Er blijft niks meer over van het vroegere monstertje. Opgelucht kwispelt Snuffie met zijn staart en zijn ogen lijken te vragen: 'Is dit nou echt alles, waar ik zo bang voor was?'

Arvin doorbreekt de stilte en vraagt nieuwsgierig aan zijn vriendje: 'En Snuffie? Wat voel je?' 'Ik vind het spijtig dat het al zo laat is', zegt Snuffie, 'anders konden we terug naar het feestje gaan. Dan kon ik ook eens afrekenen met die speelgoedmuis!' zegt Snuffie lachend. Arvin en Mijnheer de Uil schieten in de lach. Voor hen is het duidelijk; Snuffie heeft zijn angst overwonnen. 'Kom vrienden', zegt Mijnheer de Uil, 'ik trakteer jullie op een heerlijk bakje gebraden muizen- en kikkerbilletjes!'

Voor Katrien
negen jaar (vervolg), chronische hoofdpijnen

Verhaaltje geschreven door Yvonne Willekens, de grootmoeder die een workshop 'helende verhalen schrijven' gevolgd heeft bij mij. De tekeningen werden gemaakt door de grootvader.

Beschrijving van het probleem

Katrien van het verhaal hiervoor, heeft al jaren chronische hoofdpijn. De moeder schrijft dat ze hier op haar vierde jaar al over vertelde. Ze stond ermee op en ging ermee slapen, zowel tijdens het schooljaar als tijdens de vakantieperiode. Klassieke onderzoeken en ook homeopathische benadering hielpen soms een beetje en dan weer helemaal niet. In mijn visie is elke pijn een boodschap, of zelfs een alarmsignaal, dat er psychisch of fysiek iets niet niet in orde is. De pijn is een uitnodiging om hier iets aan te doen. Bij chronische hoofdpijn is het zeker belangrijk na te laten kijken of geen tumor zit.
Dat was bij Katrien gelukkig niet het geval.

Tips

Katrien had de neiging om zich helemaal weg te cijferen; daardoor ontstond spanning, stress en angst.

Resultaten

De hoofdpijn is na twee maanden bijna helemaal verdwenen, de moeder schat voor tachtig procent; er blijft dus nog zo'n twintig procent over.

Eerste verhaal: Snuffie

Er was eens een heel lief en mooi hondje, donkerbruin met twee pittige oogjes en een hartje van goud. Zijn naam was Snuffie! Snuffie was echt schattig. Hij kon heel erg goed waken maar ook fijn knuffelen en lekker eten en … hij rook heel erg lekker!

Op een dag kwam Snuffie thuis van een wandeling. Wat voelde hij nu in zijn hoofdje? Wat een raar gevoel! Het deed echt pijn in zijn hoofdje.

Waar kwam die pijn nu vandaan? Snuffie wilde niet meer eten en niet meer spelen. Hij hield zijn pootjes tegen zijn hoofdje. Ach, Snuffie toch! Jij die altijd zo fijn kunt spelen, zo goed kunt leren in de klas, zo lief kunt zorgen voor je vriendjes en de kleine puppy Evelyn zo flink helpt bij het eten van haar brokjes. Jij vindt die pijn in je hoofdje ook niet leuk, hè?

Klop, klop, klop! Wie komt daar aangelopen? Oh, wat fijn! Het is Dalma, een mooi wit hondje met zwarte vlekjes. Dalma is het vriendje van Snuffie.

‘Ach Dalma, ik kan nu niet met je spelen hoor. Ik heb veel te veel pijn in mijn hoofdje. Ik wil met rust gelaten worden en in mijn mandje gaan liggen’, zegt Snuffie.

Dalma antwoordt: ‘Snuffie, kom met me mee! Ik ken iemand die jou wil en ook kan helpen.’ Dat wil Snuffie wel en samen gaan ze op pad.

Diep in het grote, groene bos staat een klein huisje met rode gordijntjes. En in dat huisje woont de oude, wijze tovenaar. Als Snuffie en Dalma bij het huisje komen, kloppen ze op het deurtje. De tovenaar doet open en zegt heel vriendelijk: ‘Komen jullie maar binnen lieve vrienden. Hier is iedereen welkom.’ Snuffie voelt zich veilig en gerust bij de lieve tovenaar en hij vertelt hem over zijn hoofdpijn.

De tovenaar denkt heel diep na en gaat in zijn grote stoel zitten. Hij zegt tegen Snuffie: ‘Kom jij maar eens dicht bij mij zitten, Snuffie, en leg je hoofdje maar op mijn schoot.’ De tovenaar vertelt: ‘Lieve Snuffie, jij hebt in je hoofdje heel veel kleine Snuffietjes zitten, die heel goed voor je zorgen en die allerlei leuke dingen voor je doen. Maar er is één klein Snuffietje dat niet zo goed meekan. Het is veel kleiner en minder sterk dan de rest. Het wil wel meedoen hoor, maar daardoor maakt het wel eens wat rommel in je hoofdje en dat doet dan pijn! Dat kleine Snuffietje moet sterker en groter worden en op tijd rusten en ontspannen en heel veel spelen.'

Snuffie heft zijn hoofdje op en kijkt de tovenaar aan. De tovenaar vertelt verder: 'Lieve Snuffie, jij gaat dat kleine Snuffietje helpen om sterker te worden. Telkens als jij de warme zon ziet en voelt, dan stuur je die goede krachten en de warmte en het zonlicht naar die kleine Snuffie in je hoofdje. En je zult het zien, hij groeit en groeit en wordt sterker. Hij kan met al zijn vriendjes meespelen en hoeft geen rommel meer in je hoofdje te

maken. Jouw hoofdje doet dan geen pijn meer. Alle Snuffietjes in je hoofdje zijn dan even sterk en doen hun werk zoals het moet!'

Heerlijk, mijn hoofdje is weer gezond!

Voor een meisje
zevenenhalf jaar, met een allergische reactie op boompollen

Verhaaltjes gemaakt en verteld door de moeder Anneke Haans. Zij wil liever niet dat we de naam van haar dochter vermelden. De verhalen zijn gebaseerd op de voorbeeldverhalen van Ann Delnoy die hiervoor beschreven zijn.

Beschrijving van het probleem

Het meisje is zevenenhalf en heeft een zeer sterke allergische reactie op boompollen.
Deze reactie gaat gepaard met soms hevige pijnen.

Tips

Het meisje houdt van konijntjes, en kan wel wat eigenwaarde en zelfvertrouwen gebruiken.

Resultaten

Na enkele weken was ze van de allergische reactie af, en ook haar zelfvertrouwen begon toe te nemen. Ze herhaalde ook steeds bij zichzelf: 'Ik ben de moeite waard.'
Drie jaar later, in april 2003, is de toestand nog steeds stabiel.

Telefoonnummer van de moeder:
0031 (0) 135348665

Eerste verhaal: Springen

Knoedeltje Flopje was een heel lief, schattig knoedeltje. Een klein konijntje dus. Toen het nog een heel klein knoedeltje was, woonde het in een holletje onder de grond in een heel prachtig bos. Daar was het ook geboren. Veilig in een warm holletje, bij papa knoedel, mama knoedel en broer en zusjes knoedel. Knoedeltje Flopje kon heel lekker eten en drinken en groeide en groeide tot een echte stevige knoedel.

Op een dag, de eerste warme lentedag van het jaar, kwam knoedeltje Flopje uit zijn holletje. Oh, wat is het prachtig weer vandaag! De zon schijnt en de lucht is blauw. Ik ga fijn een wandeling maken, dacht hij bij zichzelf. Hij hupste over het bospaadje en begon aan zijn tocht.

Omdat hij vanzelf al groter gegroeid was, had hij al geleerd hoe knoedeltjes hupsen. Hij hoefde er eigenlijk niet meer over na te denken hoe je moet hupsen. Het ging helemaal vanzelf. Als kleine baby kon hij nog niet hupsen, maar nu was hij een sterke grote knoedel en ging hupsen heel makkelijk. Dat had hij al helemaal zelf geleerd.

Hij hupste en hupste en voelde zich zeer in zijn schik. Totdat hij bij een grote sloot met water kwam. Hoe moest hij daar nu overheen? Hij krabbelde met zijn pootje over zijn koppie.

Natuurlijk, dat was het. Hij had van Koppie het kikkervisje gehoord dat die in en uit de sloot kon springen. Dat kon hij ook doen. Hij zou over de sloot springen, zo naar de overkant.

Even moest knoedeltje Flopje er toch nog wel over denken. Zou dat lukken? Zou hij niet in de sloot vallen? Hij bukte zich een beetje voorover en zag toen zijn eigen koppie in het water. Net als in een spiegel. Hij zag zijn spiegelbeeld. En wat een prachtige mooie knoedel zag hij daar. Hij was nu groot en sterk en zijn poten waren groot en stevig, die zouden het best kunnen!

Dus … Hij nam een aanloop, zette zich af van de grond en … zjoefffff, daar sprong hij! Hij zweefde door de lucht! Wat een heerlijk gevoel. En toen … plofff! Zijn pootjes kwamen weer terug op de grond en zo landde hij aan de andere kant van de sloot.

Wauw! Wat knap! 'Het is me gelukt!' riep hij opgewonden en blij. 'Ik kan springen!'

En hij deed het nog een keer. En toen nog eens en nog eens!

Vroeger kon knoedeltje Flopje dat nog niet. Nu is hij groot en sterk gegroeid en nu kan hij springen!

Tweede verhaal: Tanden maken

Zoals je natuurlijk weet is knoedeltje Flopje een konijntje. En weet je wat konijntjes hebben? Juist! Hele mooie stevige sterke tanden. Toen knoedeltje Flopje een babyknoedeltje was had hij nog helemaal geen tanden. Dat hoefde ook niet. Want hij hoefde alleen maar melk te drinken en daar heb je geen tanden voor nodig.

Toen groeide knoedeltje Flopje groter en weet je wat er gebeurde? Er gingen ook tandjes groeien. Er kwamen een heleboel kleine tandjes tevoorschijn. Zomaar in zijn bekkie. Nou ja, niet zomaar. Dat deed het lijfje van knoedeltje Flopje. Het lijfje van Flopje weet helemaal zelf dat er tandjes moeten groeien en het lijfje weet precies hoe dat moet. Dat gebeurde dus. Knoedeltje Flopje hoefde er niets speciaals voor te doen. Hij hoefde er alleen voor te zorgen dat de tandjes mooi wit en gezond bleven.

En weet je hoe die tandjes heten? Melktanden.

Toen groeide knoedeltje Flopje nog groter. En weet je wat er toen gebeurde? Het lijfje weet precies dat als je een echte grote knoedel wordt, je ook echte grote tanden hebt. Dus maakte het lijfje echte grote knoedeltanden.

Die knoedeltanden waren al onzichtbaar in het bekkie van knoedeltje Floppie aan het groeien. En toen … wilden ze steeds meer ruimte hebben. En duwden ze de melktandjes gewoon eruit. 'Hup, aan de kant jullie! Maak plaats voor ons, de grote knoedeltanden!' riepen die knoedeltanden tegen de melktandjes.

Knoedeltje Flopje hoefde daar weer niets voor te doen. Zijn eigen lijfje zorgde daar perfect voor. Knoedeltje Flopje hoefde alleen de kleine melktandjes vast te pakken als ze eruit kwamen. En dan stopte hij ze veilig in een doosje.

En natuurlijk zorgde hij goed voor zijn grote nieuwe tanden! Weet jij hoe?

Derde verhaal: Buikpijn

Het is een prachtige dag. Alle knoedelbroertjes en -zusjes zijn buiten aan het spelen. Ze spelen knoedeltje-over. Maar knoedeltje Flopje ligt in zijn holletje. Hij voelt zich niet zo fijn. Zijn buikje doet pijn.

Daar komt knoedeltje Snoesje aan. 'Hé Flopje, kom je mee spelen?' vraagt Snoesje.

'Nee, mijn buikje doet pijn', zegt Flopje.

'Dan kun jij je buik toch beter maken!' antwoordt Snoesje.

'Oh ja?' vraagt Flopje. 'Hoe doe ik dat dan?'

'Oh,' zegt Snoesje, 'het is heel gemakkelijk! Je kunt het echt zelf. Let op!'

Knoedeltje Snoesje zet haar voorpootjes tegen elkaar en wrijft ze snel op en neer.

'Daar worden je pootjes lekker warm van', zegt ze tegen Flopje. 'En als je pootjes dan heel lekker warm zijn, houd je ze tegen je buikje!'

'Dan wordt je buikje ook lekker warm en is de pijn zo weg!'

'Oh' zegt Flopje. 'Dat wil ik ook eens doen ...'

En Flopje doet precies wat Snoesje hem verteld heeft. Hij wrijft eerst zijn voorpootjes tegen elkaar warm. 'Ja, mijn pootjes zijn al warm', roept hij. Dan legt hij ze op zijn buikje. 'Het voelt heel fijn! En de pijn gaat al helemaal weg.'

'Ja', zegt Snoesje. 'Je buikje is al veel slimmer en groter en sterker gegroeid. Je buikje is dan maar heel eventjes ziek. En maakt zichzelf nu weer heel snel beter.'

En … wat denk je dat er toen gebeurde? Je raadt het al natuurlijk.

Knoedeltje Flopje rende naar buiten. 'Ik ga mee knoedeltje-over spelen. Kom snel, Snoesje!'

Vierde verhaal: Bomen klimmen

Het was een prachtige dag. De zon scheen stralend en warm. Bloemen geurden fris. De vogels floten hun vrolijkste liedjes.

Knoedeltje Flopje was op avontuur op de hei. Hij hupste over de planten en grassen en sprong over grote sloten. Daar zag hij toch iets geweldigs staan. Een mooie grote boom. Met wijd uitstaande takken. Het leek wel een klimboom. Wauw! dacht knoedeltje Flopje, wat zou ik graag in die boom klimmen.

Een beetje treurig blijft hij onder bij de boom staan.

'Hé, jij daar!' hoort hij vanuit de takken roepen. 'Wat ben jij treurig op zo'n mooie dag.' Knoedeltje Flopje kijkt omhoog en ziet daar eekhoorn Langstaart zitten.

'Wat is er aan de hand?' vraagt Langstaart die naar beneden komt.

'Hallo Langstaart.' zegt Flopje bedroefd. En een traantje rolt over zijn snoetje. 'Ik zou graag in de boom klimmen. Maar dat kan ik niet. Knoedeltjes kunnen toch niet in bomen klimmen.'

'Oh nee?' zegt Langstaart. 'Ik kan het je leren. Veeg je traantje maar snel weg, dan zal ik je eens vertellen hoe jij dadelijk wel in de boom kunt klimmen.'

'In jouw buik zitten allemaal kleine knoedeltjes. Dat zijn jouw dikke vriendjes. Die willen jouw heel graag helpen met wat jij graag wilt en nog niet kan. En er is ook een knoedeltje dat heel goed kan klimmen, Klimknoedeltje is dat. Je kunt hem gewoon vragen om je nu te helpen. En dan wil Klimknoedeltje jou heel graag helpen met klimmen.'

‘Is dat echt waar?’ vraagt Flopje.

‘Ja hoor. Ik weet het zeker! Kom maar hier bij deze tak staan’, zegt Langstaart.

En weet je wat er toen gebeurde?

Klimknoedeltje gaat in de pootjes van knoedeltje Flopje zitten. De pootjes van knoedeltje Flopje bewegen zich en Flopje klimt en klimt. Het gaat heel erg goed. Hij klimt zo naar de hoogste tak in de boom.

En als knoedeltje Flopje genoeg geklommen heeft gaat Klimknoedeltje weer terug in Flopjes buik. Dan kan hij even uitrusten.

‘Dank je wel Klimknoedeltje’, zegt Knoedeltje Flopje, ‘rust maar lekker even uit.’

En elke keer als knoedeltje Flopje weer wil klimmen, vraagt hij Klimknoedeltje om hem te helpen.

En dat is afgesproken!

Vijfde verhaal: Het elfje en de roos

Op een mooie lentedag hupste knoedeltje Flopje door het bos en over de hei. Het was lekker weer. Hij was heerlijk aan het spelen en hij klom in klimbomen naar boven en beneden. Om even uit te rusten ging hij lekker in het hoge gras liggen.

Maar wat was dat? Knoedeltje Flopje vond het helemaal niet fijn. Ineens prikten zijn ogen. Het was een heel naar gevoel. Zijn ogen jeukten en brandden. Ze waren helemaal rood en dik. En het deed pijn. En ook zijn neusje prikte en jeukte. En het zat helemaal verstopt. Knoedeltje Flopje moest ervan huilen.

‘Huil maar niet! Lief knoedeltje’, hoort Flopje ineens een lief, zacht stemmetje bij zijn oor. ‘Waarom heb je zo’n traantjes?’

Knoedeltje Flopje kijkt op en ziet een heel fijn, klein elfje naast hem zweven.

Het elfje heeft hele mooie gouden haren, heldere blauwe ogen en prachtige doorzichtige vleugeltjes. Ze heeft een lichtpaars jurkje aan met mooie roze bloemetjes erop. Ze houdt een piepklein toverstokje in haar handje.

'Ik ben Zonneschijn, het boselfje', zegt het elfje. 'Ik verschijn als knoedeltjes pijn of verdriet hebben. Ik zag je in het gras zitten en zo met je pootjes door je ogen wrijven. En er rolden traantjes over je snoetje. Dus kom ik gauw naar je toe. Ik kom je helpen!'

Ze neemt Flopje bij zijn pootje en zegt: 'Kom met me mee. Ik zal je iets laten zien.'

Midden op het veld staat een mooie roos.

'Dag Zonneschijn', zegt de roos tegen het elfje. 'Dag mooie roos', antwoordt het elfje. 'Hier is knoedeltje Flopje'.

'Dag lief knoedeltje Flopje', zegt de roos. 'Wat fijn dat je gekomen bent'.

Zie je wat een groot feest het hier is op het veld? Alle bloemen, bomen en grassen zijn erg blij dat het lente is. Dat de zon schijnt en dat het weer warmer is. Dan sproeien ze sprankelstuif in het rond, net als serpentines.

Zonneschijn zweeft in de lucht en pakt haar toverstokje. Ze tikt een sprankelstuif aan. Plots schittert er een fonkelende zonnestraal.

'Kijk knoedeltje Flopje. Dit sprankelstuif zijn de zonneparels. In elke bloem, boom en gras zitten er veel zonneparels. Ze zorgen dat de bloemen, bomen en grassen elk jaar opnieuw feest kunnen vieren.'

'Kom eens naast me zitten, lieve Flopje', zegt de roos.

Roos buigt een beetje naar Flopje toe en de dauwdruppel op het blad rolt zo in knoedeltje Flopjes pootje. 'Alsjeblieft', zegt Roos. 'Deze waterparel is voor jou.' Er schitteren fonkelende zonnestralen doorheen.

'Jij bent een hele belangrijke en bijzondere knoedel. Ik heb je zien spelen vandaag. Je kunt zo goed in klimbomen klimmen. Het is goed om dan even uit te rusten. In deze waterparel schittert altijd de zonnestraal van de zonneparels. Jouw lijfje vindt de zonneparels prachtig. Je lijfje is fit en gezond. Je oogjes kunnen helder kijken en je neusje is goed open en kan goed ruiken. Jouw longen zijn sterk en gezond. En ademen frisse, zuivere lucht in.'

'Heb je dat gehoord, knoedeltje Flopje?' vraagt elfje Zonneschijn.

En ze fluistert nog eens zachtjes de woorden die Roos tegen Flopje heeft gezegd in zijn oor.

'Jij bent heel belangrijk!

Je lijfje is fit en gezond.

Je oogjes kunnen helder kijken.

Je neusje is goed open en kan goed ruiken.

Jouw longen zijn sterk en gezond. En ademen frisse, zuivere lucht in.'

Knoedeltje Flopje houdt de parel nog even in zijn pootje. Hij voelt zich nu heel veilig en wil weer fijn spelen.

Roos zegt: 'Op alle blaadjes en grassprietjes liggen de waterparels. En ook overal fonkelen de zonnestralen. Je hoeft alleen maar even aan ze te denken.'

Dag lieve Roos!

Dag lieve Zonneschijn!

Dag gezonde knoedeltje Flopje! Ga maar lekker spelen!

Zesde verhaal: Het vriendje

Het meisje is op bezoek bij Gavin. Ze spelen samen hockey. Met een lange hockeystick en een harde bal. Samen met de mama's gaan ze dan naar het bos. Ze klimmen in bomen. En bouwen nesten en hutten. Wauw, wat is het heerlijk om in het bos en in het veld te spelen.

'Hé kijk!' zegt Gavin. 'Hier ligt mijn waterparel op het blad. Dit is mijn heldere waterparel. Je weet wel, zo'n waterparel waarin de zonnestralen schitteren. Zo'n waterparel die knoedeltje Flopje ook vaak vindt.'

'Waarom heb jij zo'n waterparel?' vraagt het meisje. Gavin begint te vertellen: 'Vroeger toen ik klein was had ik vaak jeuk en brandende ogen. Mijn neus was verstopt en ik had het benauwd. Mama heeft me toen het verhaal van het elfje en de roos verteld. Daarom weet ik dat alles kan veranderen. De roos heeft me dat verteld. Je blijft niet klein. Je wordt groter en sterker en slimmer. Je kunt bijna alles beter dan vroeger. Ook kijken en ruiken en ademhalen.

Ik vind het heerlijk om in het bos en op de hei te spelen. Ik vind het fijn om in bomen te klimmen en in het gras te liggen. En te voelen dat mijn ogen helder kijken. Dat mijn neus goed ruikt en dat mijn longen frisse en zuivere lucht inademen.

En weet je meisje, ik doe het allemaal zelf. Niemand helpt mij. Als ik naar de waterparel kijk, word ik helemaal blij. Dan denk ik aan de roos en aan knoedeltje Flopje en dan weet ik: als knoedeltje Flopje zo helder kan kijken en goed kan ruiken en ademhalen, dan kan ik het ook.

Het helpt ook als ik naar de zonnestralen kijk, want dan voel ik dat mijn ogen net zo helder zijn en mijn neus net zo open is als de zonnestraal. Dan weet ik dat er zoveel fijne zonnestralen zijn om mijn ogen helder te laten kijken en mijn neus open te laten zijn, dat ik nooit meer brandende ogen heb en een verstopte neus.

En de zonnestralen maken de lucht licht. Ik voel dan de lucht die mijn longen vult. Dan weet ik dat er zoveel lekkere lucht is om in te ademen, dat ik het nooit meer benauwd heb.

Er is altijd genoeg zonlicht voor iedereen. Fijn hè, als je dat weet?

Toen ik klein was, wist ik dat natuurlijk niet, maar nu ben ik groter en weet ik het wel en ik wil het aan iedereen vertellen.'

Het meisje is bij de waterparel komen staan.

‘Meisje, zullen we voor jou ook zo’n waterparel vinden? Ze zitten op de bladeren van planten.

Er is altijd genoeg zonlicht voor iedereen. Het zonlicht fonkelt in de waterparels. En als je de zon niet kunt zien weet je dat die er toch is, achter de wolken.

Kijk maar! Deze druppel zie ik schitteren. Hij schittert je tegemoet:

Jij bent heel belangrijk!

Jouw lijf is fit en gezond.

Jouw ogen kunnen helder kijken.

Jouw neus is goed open en kan goed ruiken.

Jouw longen zijn sterk en gezond en ademen frisse, zuivere lucht in.

Overal waar je bent is de zonnestraal of de waterparel.

Jouw ogen kunnen helder zien en je neus is helemaal open.’

Voor Arvin
acht jaar, met een allergische reactie op koemelkproducten

door Sarah van Gils, verteld door de moeder

Beschrijving van het probleem

Arvin, een jongen van acht jaar, was zeer gevoelig voor koemelkproducten. Hij had rode plekjes, schilfertjes en jeuk in zijn arm- en knieholten. Het leidde in sommige gevallen zelfs tot koorts.

Tips

Arvin houdt van muisjes.

Resultaten

Na een week sprookjes vertellen wilde hij zelf weer melkproducten eten en drinken. Drie maanden later eet en drinkt hij weer alles zonder enige bijwerkingen.
Nu, drie jaar later, kan hij nog steeds alles eten en drinken.

Sprookje 1

Er was eens een muisje. Zijn naam was Pluisje. Pluisje had naast zijn vader en moeder nog drie broertjes en twee zusjes. Pluisje en zijn familie woonden in een heel leuk en knus holletje. Dit holletje bevond zich onder een houten vloer in een hele grote oude hooischuur. In deze hooischuur woonden nog veel meer dieren. Naast de muizenfamilie woonden er ook nog een koeien-, schapen- en een spinnenfamilie. Naast de hooischuur stond een heel groot huis waarin een mensenfamilie woonde.

Op de dag dat Pluisje acht jaar werd kreeg hij een mooi cadeau voor zijn verjaardag. Hij kreeg een huisdier van zijn vader en moeder. Een fel oranjekleurige goudvis met een prachtig sierlijke grote staartvin. Pluisje was heel erg blij met dit geweldige cadeau. Hij gaf zijn vis gelijk een naam, Freddie. Iedere dag als hij uit school kwam ging hij naast de kom zitten waarin Freddie heerlijk rondzwom. Ze kletsten dan vele uren over van alles en nog wat. Op een hele warme dag, toen Pluisje op weg was van school naar huis, zag hij in een vijver zeven eenden spelen. Deze eenden spetterden met water naar elkaar en hadden een enorm plezier. Pluisje bleef een hele tijd naar de spelende eenden kijken en och wat had hij toch ook graag in de vijver met heerlijk koel water willen springen. Pluisje kon echter niet zwemmen. Een klein beetje verdrietig liep Pluisje naar huis toe. Net als iedere dag ging hij eerst naar zijn goudvis Freddie. Hij vertelde Freddie van de spelende eenden en hoe graag hij ook had meegespeeld. Maar hij kende niemand die hem kon leren zwemmen. Freddie vertelde dat hij wel iemand kende die Pluisje wilde leren zwemmen. 'Wie is dat dan?' vroeg Pluisje. 'Ik natuurlijk', vertelde Freddie, 'wie kan er nu beter zwemmen dan een vis en ik ben toch een vis?' Pluisje werd meteen heel erg blij. Freddie ging hem leren zwemmen. Iedere dag na school sprong Pluisje bij Freddie in de kom en leerde Freddie Pluisje hoe hij moest zwemmen. Na een week lessen te hebben gehad van Freddie kon Pluisje heel erg goed zwemmen.

De volgende dag liep Pluisje weer van school naar huis toe. In de vijver waren de eenden weer met elkaar aan het spelen. Pluisje sprong ook in de vijver en speelde heerlijk met de eenden mee. Ze hadden samen een enorm plezier. Na het spelen ging Pluisje weer naar huis toe. Iedere dag zwom Pluisje een rondje in de kom van Freddie, zijn grote vriend die hem had leren zwemmen.

Sprookje 2

Op een hele mooie warme zomerdag gaat Pluisje samen met zijn drie broertjes en twee zusjes, zoals hij dat zo vaak deed, in de moestuin naast de schuur spelen. Ze speelden daar meestal verstoppertje omdat de muisjes, zo klein als ze waren, zich zo goed konden verstoppen tussen alle groente- en fruitsoorten die in de moestuin stonden. Pluisje verstopte zich het liefst tussen de aardbeiplanten. Dan kon hij, terwijl ze naar hem aan het zoeken waren, lekker van de aardbeien snoepen. Maar die zomerdag gebeurde er iets wat nog nooit gebeurd was. Hij kreeg, nadat hij een aantal aardbeien had gegeten, een beetje pijn in zijn buikje. Hij moest er zelfs heel erg van naar de wc, wel zes keer. De volgende dag kwam de dokter even langs om naar het buikje van Pluisje te kijken. Pluisje zei tegen de dokter: 'Dokter ik ben toch niet ziek, want ik wil zo graag naar school en daarna verstoppertje spelen?!' De dokter vertelde dat Pluisje niet ziek was maar dat zijn buikje een beetje ziek was en gewoon niet zo'n zin had die dag in aardbeien en daarom een beetje pijnlijk aanvoelde. De volgende dag wilde Pluisje tijdens het verstoppertje spelen niet meer van de aardbeien snoepen. En de dag daarop en daarop en daarop ook niet. Een week later ging Pluisje weer verstoppertje spelen met zijn broertjes en zusjes. Hij verstopte zich als bijna altijd tussen de … aardbeiplantjes. Pluisje keek naar de aardbeien en hij had toch wel weer heel veel zin in zo'n heerlijke sappige rode aardbei.

Maar zou zijn buikje nu weer ziek kunnen worden? vroeg

Pluisje zich af. En op dat moment verscheen er een groene rups. 'Eet er maar een paar', zei de rups. 'Maar dan wordt mijn buikje ziek', zei Pluisje. 'Nee hoor, je buikje groeit iedere dag en wordt steeds sterker, over een paar dagen zul je er weer een paar meer kunnen eten', zei de rups. Na twee weken kon Pluisje weer iedere dag aardbeien eten en zijn buikje bleef kerngezond.

Korte beschrijving van meerdere ervaringen met verhaaltjes aan kinderen

Over Sam van acht die allergisch reageert op gluten, koemelk, suiker, rundvlees, varkensvlees, cacao en daarvan afgeleide producten.

Sam is mijn kleinzoon en zijn vader Hans improviseert regelmatig verhaaltjes voor de kinderen als ze gaan slapen.

Ik had hem een tip gegeven om de elementen van de helende sprookjes te gebruiken. Dat heeft hij gedaan en spoedig daarna werd duidelijk dat Sam van zijn allergische reactie op gluten en suiker af was. Ze durfden hem echter nog geen melk en andere producten te geven alvorens hem officieel te hebben laten testen, en ze bleven dus de rest vermijden.

Toen ik echter met dit boek bezig was, heb ik hen nog wat aangespoord om nog eens een paar verhalen te vertellen en daarin het feit te verwerken, dat als hij van het ene makkelijk af kon komen, dat ook zeker zou kunnen met de andere voedingsproducten. Hans heeft dat gedaan. Ze hebben Sam laten testen en nu, op de dag van zijn negende verjaardag, is Sam helemaal vrij van allergische reacties en kan hij eindelijk een ijsje eten. Het is nog heel recent, en mijn dochter Kristel is heel voorzichtig en bezorgd en ze geeft de melk nog in kleine hoeveelheden, maar hij verteert het goed.

Hans signaleerde tussendoor, dat bij één van de verhaaltjes Lies, het zusje van Sam, een begin had van keelontsteking en al koorts kreeg. Hans improviseerde dat er een diertje ziek was aan haar keel, en dat het diertje de raad van een wijze genezer opvolgde en de andere dag genezen was. De andere dag was ook Lies genezen, terwijl dat anders toch wel een week kon voortslepen.

Een mooi geschenk voor Lies, Sam en mijzelf als grootvader.

Na drie jaar is de toestand nog steeds stabiel.

Telefoonnummer: 0032 (0)3 6533742 voor Hans of Kristel.

Dries, twee jaar en drie maanden, was nog niet zindelijk

Dries is het jongste zoontje van Ann Delnoy. De drie oudere broertjes van Dries waren elk vóór hun tweede jaar zindelijk, en gingen op het potje. Dries nog niet met zijn twee jaar en drie maanden. Dat was niet echt een probleem, maar doordat Ann net met de verhaaltjes begonnen was, las ze een verhaaltje voor uit een bestaand boekje. In het boekje werd beschreven hoe een kindje dat bezig was met zindelijkheidstraining eerst tegen de moeder zei: 'Ik moet plassen'; vervolgens deed het kind (in het boekje) zijn broekje uit, en daarna ging het op het potje. Een belangrijk detail is dat het kind in het boekje een opgeplakt broekje aan had, wat Dries kon uitdoen. Ook het dekseltje van het potje was opgeplakt en Dries kon dat zelf openen. Na drie dagen maakte Dries kenbaar wanneer hij moest plassen, zodat zijn moeder hem kon helpen zijn broekje uit te doen. Sindsdien plast Dries niet meer in zijn broek.

Vanwege het feit dat het zindelijk worden vlak na het voorlezen gebeurde, is er waarschijnlijk ook een oorzakelijk verband.

Het kan in dit geval echter ook losstaan van elkaar.

Over Marja, een vierjarig meisje met chronische verstopping bij de ontlasting

Ervaring van Rita van de Belt, een therapeute die werkt met voetreflexologie

Rita schrijft me:

Vier weken geleden kwam er een moeder voor het eerst bij mij, met Marja, haar bijna vierjarig dochtertje. Marja kon vanaf haar geboorte niet of nauwelijks haar ontlasting kwijt, slechts een of twee keer in de week, gepaard gaand met veel pijn.

Marja had hiervoor onderzoeken gehad in het kinderziekenhuis, was ook enige weken opgenomen geweest voor onderzoek, maar dat had niets opgeleverd. Er was eveneens een homeopathische arts met haar bezig geweest, maar ook dat had geen resultaat.

De moeder vroeg mij of ik ernaar wilde kijken. Marja was goed voorbereid, ik zou aan haar voetjes kriebelen, en zij zou erbij giebelen. Dat deed ze inderdaad, als ik in haar voetjes pijnlijke plekjes raakte, bleef ze giebelen. Ze was dus zeer rolvast.

Terwijl ik haar voetjes aan het masseren was kreeg ik een idee. Ik zei tegen de moeder: 'Deze dame heeft ergens besloten dat ze niet wil poepen.'

'O', zegt Mama, 'dan weet ik wel wanneer.'
Na de behandeling, waarin ik moeder leerde hoe ze elke dag haar voetjes moest behandelen, ging Marja tekenen en kreeg ik de kans met haar moeder te praten. Ze vertelde dat ze bij de bevalling anderhalf uur haar persweeën op moest houden, totdat de dokter kwam, en toen nog lange tijd, omdat er iets niet goed zat.
Marja had die boodschap duidelijk vertaald als noodzaak alles op te houden om haar mama te helpen.

Het volgende consult, een week later, was er door de reflexologie wel iets meer in beweging, maar niet zoveel.
Inmiddels had ik een verhaaltje voor haar geschreven en haar moeder las dat de volgende vijf avonden voor.
Marja ontkende tijdens het vertellen het een en ander, en wilde weer bij papa en mama in bed als ze wakker werd.
Na een week ging Marja 's avonds zonder iets te zeggen (net als in het verhaaltje) naar het toilet en riep haar mama toen ze klaar was.
Nu, veertien dagen later, gaat ze heel normaal dagelijks naar het toilet. Ze vindt het nu ook heel gewoon, niet de moeite waard om over te praten met haar moeder!

Over een meisje dat duimzuigt
Anneke Haans schrijft me.
Mijn dochter (zevenenhalf jaar) duimt veel. Overdag is dat voortaan onhandig. Ik heb twee verhalen voor haar geschreven, maar er verandert nog niets. Ze blijft duimen en wil er helemaal niet van af. Ik heb de indruk dat het met die zogenaamde ecologie te maken heeft; de voordelen die duimen voor haar heeft zijn blijker groter dan de nadelen.
De ecologie van het kind is iets wat ik bij (voedsel)allergie ook al eens tegen kwam.
Mijn idee is dat uiteindelijk alleen het kind zelf bepaalt hoe het reageert op situaties. En dat het zelf bepaalt of een verandering ecologisch verantwoord is. Of dat de tijd er rijp voor is.
Ik heb ook het idee dat de verhaaltjes te duidelijk en te direct waren.

Mijn overwegingen en feedback
Wat betreft de ecologie zou je eens kunnen nagaan wat de positieve

intentie van het duimen is, wat het oplevert, welk gevoel haar dat geeft, en te vragen of dit niet anders zou kunnen.
Ik weet niet of er *voor haar* duidelijke nadelige effecten zijn, misschien filtert ze die weg. Ik zou haar er zeker niet op wijzen dat ze zich nu gedraagt als een klein kind en dat haar klasgenoten haar eventueel heimelijk uitlachen, dat zou schadelijk kunnen zijn.
Maak er een soort verhaal over in die zin, dat een knuffel of idool van haar op een dekentje zuigt, droomt dat zij groot geworden is en iets gaat doen voor een publiek. In de droom neemt zij haar dekentje mee en wordt uitgelachen, en dan wordt zij wakker en bedenkt zich, dat zij dat dekentje wel lekker vindt maar dat zij niet graag uitgelachen wordt. Dan komt zij een wijze tegen die vertelt over het deel in haar buikje, dat haar een heerlijk gevoel wil geven van genot, bescherming en veiligheid, door op dat dekentje te zuigen, maar dat het deel in haar buik er niet op gelet heeft dat zij nu groot geworden is. Dan kun je aan dat deel vragen om het gevoel van genot, bescherming, veiligheid, op een andere manier te krijgen dan door op het dekentje te zuigen en het risico te lopen uitgelachen te worden.
Ik zou haar indien nodig eventueel durven wijzen op nadelige effecten in een verre toekomst, bijvoorbeeld als ze naar een grote school gaat of een beroep wil gaan uitoefenen.

Over een meisje van vijf jaar met voortdurende nachtmerries
Anneke Haans, de moeder, maakte voor haar dochtertje haar eigen verhalen, gestoeld op de principes en de voorbeelden van de verhalen in dit boek. Dat is precies de bedoeling van deze methode. Iedere moeder of vader die zijn kind op deze manier wil helpen, kan dat doen.
Het dochterje van Anneke was erg bang om in te slapen. Ze was zeer bang voor spoken en enge dromen. Die enge dromen gingen over spoken, alleen achtergelaten worden, verlatingsangst. Ze werd elke nacht bang, soms huilend wakker.
Anneke Haans schrijft me:
'Ik ben maandag 28 januari 2002 begonnen met voorlezen, en heb dit nu een week lang, vijf dagen achter elkaar, gedaan. Met opmerkelijk resultaat!
De verhaaltjes zijn speciaal gericht op fijne dromen en veiligheid en gaan over een van haar lievelingsknuffels.

Zij kende de verhalen na één keer nog goed en wilde elke avond de hele verhalencyclus horen. Ze wilde dat ik nieuwe verhalen verzon over andere lievelingsknuffels. Dat deed ik. De verhalen hadden elke keer ongeveer dezelfde inhoud.

Resultaten in één week:
In het begin van de week werd ze 's nachts wel wakker, maar niet angstig of in paniek. Later in de week slaapt ze 's nacht door, wordt wakker heel vroeg in de ochtend.
Ze slaapt rustig. Is niet meer zo bang om te gaan slapen, is nu gerustgesteld. Ze heeft een eigen oplossing gevonden om veilig in te slapen. Ze durft in te slapen in haar eigen bed.
In de loop van de week worden de dromen anders. In het begin droomt ze nog wel over spoken, maar het zijn geen nachtmerries meer. Later droomt ze fijner.
Ik zie deze week een hele grote positieve verandering in haar slaap- en droompatroon. Ik ga hier nog mee door om haar helemaal van die beperkende ervaring af te helpen.
Een jaar later is het resultaat nog steeds gunstig. En nu ook nog.

Telefoonnummer van de moeder:
0031 (0) 135348665

Emma, acht jaar, allergie voor pollen sinds geboorte en astma sinds vier jaar
Greet, de moeder van Emma, heeft in het jaar 2000 de verhalen van Ann Delnoy over luchtwegenallergie en pollen van mij gekregen. Greet heeft daar een variant op gemaakt, rekening houdend met de leefwereld van Emma.
De allergische reactie op pollen verdween zeer snel. Voor de astma was Emma vanaf haar vierde jaar in behandeling in het universitair ziekenhuis in Gent. Na de verhaaltjes kwam er verlichting, en de verbetering ging langzaam maar zeker verder. Emma is nu tien jaar en is net voor een check naar het ziekenhuis geweest waar ze akkoord zijn om de medicatie, die inmiddels al langzaam afgebouwd was, nu volledig te stoppen.

Telefoonnummer van de moeder:
Greet 0032 (0) 9/3610743

Epiloog

Het doen ontstaan van dit boek was een zeer interessante ervaring. Het heeft aanvankelijk heel wat aandringen gekost eer iemand het eerste verhaal begon te schrijven. Ik wilde het verhaal niet zelf schrijven, omdat het doel onder andere was om aan te tonen dat iedereen dat kan. Het leek wel alsof het idee zo utopisch was dat niemand er aanvankelijk haar tijd in wilde steken. Toen kwam Marion, die bij mij in de opleiding zat, die de eerste stap zette. En het is inderdaad nauwelijks te geloven dat haar zoontje na vijf verhaaltjes van aangeboren koemelkallergie af was, en zelf om kaas vroeg. Een arts, een allergoloog die ook in die opleiding zat, beweerde dat dit wereldnieuws was, en dat hij met mij naar de medische wereldconferentie in New York wilde. Het komische aan dat idee is, dat één van mijn kleinzonen, Wouter Liekens enkele jaren geleden op diezelfde conferentie als een casus is beland. De reden daarvan is dat zijn moeder, als eerste vrouw in Europa, na een harttransplantatie met heel nieuwe specifieke medicatie, met goed gevolg een gezond kind ter wereld heeft gebracht. Dat goed gevolg gold zowel moeder als kind.
Persoonlijk heb ik helemaal geen zin om naar zo'n conferentie te gaan en een heleboel heisa te veroorzaken, en bovendien denk ik dat mijn verhaal niet wetenschappelijk genoeg is, en daardoor geen mogelijk agendapunt op dat soort conferenties.
Na Marion kwam Ann Delnoy, die ook in de opleiding zat en enthousiast aan de slag ging, en inmiddels voor tientallen kinderen verhaaltjes heeft gemaakt. De verhalen werden meestal door de moeders verteld aan de kinderen.
Na Ann kwamen moeders die met de verhalen als voorbeeld en de technische uitleg op mijn website, zelf aan de slag gingen. Toen kwamen er moeders en grootmoeders naar een workshop waar ik de essentie van het verhalen maken aan hen uitlegde.
Het effect dat het heeft op jezelf, en het onverwachte plezier dat je beleeft door zelf zo'n verhaaltje te bedenken is merkwaardig, en de band

die er met je kind ontstaat door het aan hem of haar te vertellen is van niet te schatten waarde.
Het experiment groeide langzaam maar zeker, en zo leerden we dat er nog andere domeinen geraakt werden dan allergieën. Het wonder van de menselijke geneeskracht ontvouwde zich nogmaals voor onze ogen.
Waar dat zal eindigen weet ik niet. Het vervolg op het experiment en het boek wordt nu door jou en vele anderen, mogelijk wereldwijd geschreven.
Het boek wordt meteen in het Engels vertaald, ook e-mail zal een rol gaan spelen in de wereldwijde verspreiding. Ik ben in ieder geval vereerd door het feit dat de ouders van de betrokken kinderen hun geluk willen delen met anderen, en hun telefoonnummer opgegeven hebben om mensen te helpen vertrouwen, zelf de stap te nemen om een verhaal te schrijven.
Ik denk dat ook dit een uniek aspect is aan dit gebeuren, want meestal wensen mensen anoniem te blijven, en moeten namen verdraaid worden zodat niemand kan vermoeden over wie het gaat.
Dat alleen al geeft me een zeer dankbaar gevoel.
De hoofdmoot van mijn bijdrage zit erop, ik heb er mijn diep onwankelbaar geloof gestoken in het onschatbare potentieel van de hele mens, vanaf zijn conceptie. Er is veel tijd, energie, geduld en liefde aan te pas gekomen om 'het idee' te laten groeien en zich te laten manifesteren. Ik ben heel benieuwd in welke mate deze feiten een plaatsje zullen veroveren in of naast het rationele en economische denken bij een aantal mensen. Ik ben ook benieuwd hoe, en waar, dit vonkje zal uitgroeien tot een vuurwerk dat de hemel van velen zal verlichten. Maar dat is niet meer mijn verantwoordelijkheid, maar van ieder individu zelf.

Ik heb een gevoel dat me bijna nooit verlaat, en dat gevoel is, dat vanuit een hogere ordening, alles perfect is zoals het is.
Het is een gevoel dat de juiste mensen, op de juiste tijd in hun eigen ontwikkeling en die van de kinderen, dit boek onder ogen zullen krijgen. En dat zij dan de juiste beslissing zullen nemen te doen of niet te doen, en beide beslissingen zullen perfect zijn. Dat is de enige echte ecologie. Daarom voel ik me nu heel tevreden, dankbaar, rustig, vredig en voldaan, ik heb mijn taak in deze in liefde volbracht.

Als jij er iets mee doet stuur dan de resultaten naar me op per e-mail. Op mijn website zal ik dan de voortgang van deze story updaten, zodat je deze zelf ook kunt volgen.

Veel geluk en plezier ermee!

Paul Liekens
Kluizestraat 3
B-9860 Oosterzeele
T: 0032 93624118
F: 0032 93624118
E: pliekens@xs4all.be
I: paulliekens.be

Ann Delnoy
Lombaardtstraat 10
B-3200 Aarschot
T: 0032 498774859 / 0032 16250945

De onderstaande mensen zijn bereid verhaaltjes voor je te schrijven, mocht dat nodig zijn:

Bea Huygens	bea.huygens@pandora.be
Joke Mullie	joke.mullie@belgacom.net
Anneke Haans	haansa@home.nl